LOW-FAT

Armin Roßmeier

# Leicht genießen LOW-FAT

Südwest

# Inhalt

# Warum Low-fat?

**Ohne Fett geht gar nichts, denn Fett ist nicht nur ein lebenswichtiger Energielieferant, es sorgt auch dafür, dass die fettlöslichen Vitamine vom Körper überhaupt aufgenommen werden können und versorgt ihn mit den essenziellen Fettsäuren.**

Ein Sprichwort besagt: »Der Mensch ist, was er isst«. Ein Blick auf die Waage sagt Ihnen, ob Sie zu viel, zu wenig oder gerade die richtigen Mengen essen. Eine Blutanalyse kann Aufschluss geben, ob Sie vitaminreich essen, viel Alkohol trinken oder cholesterinreiche Lebensmittel bevorzugen. Ihre Haut ist nicht nur Spiegel Ihrer Seele, sondern zeigt Ihnen häufig auch, ob sie über den Darm mit allen wichtigen Vitaminen und Mineralstoffen versorgt wird oder nicht.

Zu viel Fett spielt bei den meisten Erkrankungen eine große Rolle. Eine fettarme Ernährung verringert das Körpergewicht, schützt Ihr Herz, kann den Blutdruck senken, die Zuckerkrankheit besiegen, Krebs vermeiden und die Leistungsfähigkeit steigern.

Dabei muss der Genuss nicht auf der Strecke bleiben: Ein Blick in unsere südlichen Nachbarländer beweist, dass eine schlanke Figur und Genuss durchaus zusammenpassen können. Man denke nur an die köstlichen Nudelgerichte und Pizzen in Italien oder an die herzhafte Paella und die köstlichen Fischgerichte der Spanier.
Und trotzdem leiden die Menschen in diesen Ländern weniger an Übergewicht, und ist die Erkrankungsrate für Herz-Kreislauf-Erkrankungen wesentlich geringer als in unseren Breiten. Auch Krebserkrankungen sind dort weniger häufig anzutreffen als bei uns.

Es ist an der Zeit umzudenken. Durch weniger Fett in der Ernährung können Dicke langfristig schlank, Kranke gesund und Gesunde noch leistungsfähiger werden. Diäten werden von Ernährungswissenschaftlern schon seit längerem wegdiskutiert, da nur eine langfristige Ernährungsumstellung dauerhaften Erfolg bietet.

# Sechs Bausteine, auf die es ankommt

Vor hundert Jahren sah alles noch ganz anders aus: Körperliche Arbeit gehörte zum täglichen Leben, sitzende Tätigkeiten waren eher die Ausnahme. Heute ist es genau anders herum: Wir sitzen den ganzen Tag im Büro; Auto und Fahrstuhl ersetzen die Bewegung.

## Ernährung heute

Es hat sich viel geändert in den letzten Jahrzehnten, nur die Ernährungsgewohnheiten hinken der neuen Zeit noch immer hinterher. Die meisten essen zu fettreich, zu süß und zu viel.

Sie müssen nicht nach Italien oder Spanien ziehen, um Ihre Ernährung umzustellen. Aber nehmen Sie sich diese Länder als gutes Vorbild. Überprüfen Sie Ihren jetzigen Einkaufszettel und schauen Sie mal nach, wie häufig Sahne, Fleisch, Wurst, Käse und andere fetthaltige Lebensmittel Ihren Speiseplan bestimmen. Gemüse, Obst und kohlenhydratreiche Lebensmittel wie Getreide, Kartoffeln, Reis oder Nudeln sollten jeden Tag auf dem Teller liegen, egal ob roh oder gedünstet. Und auch bei den Zwischenmahlzeiten sollte ein Stück Obst oder Gemüse nicht fehlen.

Fisch – eine Spezialität der Südländer – wird bei uns ebenfalls zu wenig gegessen. Mindestens zweimal pro Woche gehört er auf den Speiseplan.

Ein weiteres Plus unserer südlichen Nachbarn: Sie lassen sich viel Zeit zum Essen, während wir häufig zwischen zwei Terminen schnell eine Mahlzeit hinunterschlingen und dabei nicht selten zu fettreichem Fastfood greifen. Gönnen Sie Ihrem Körper mindestens 20 Minuten Zeit, Nahrung aufzunehmen, kauen Sie gut und trinken Sie über den Tag verteilt mindestens zwei Liter Flüssigkeit.

**Ziel einer ausgewogenen Ernährung ist es, den Körper mit allen lebenswichtigen Nährstoffen zu versorgen. Frisches Obst und Gemüse, Vollkornbrot und fettarme Milchprodukte sollten täglich auf Ihrem Speiseplan stehen.**

Verteilen Sie – wenn möglich – Ihre Tagesration auf fünf Mahlzeiten. Sie werden sich dadurch leistungsfähiger und wohler fühlen. Wenn Sie zu Hause kochen: Richten Sie sich Ihr Gericht nach Möglichkeit liebevoll an und setzen Sie sich an einen schön gedeckten Tisch zum Essen.

## Leistungsfähig und fit

Um leistungsfähig und fit zu bleiben, müssen wir unsere Ernährung den geänderten Lebensgewohnheiten anpassen, aber dennoch unseren Körper mit den notwendigen Nährstoffen versorgen. Kohlenhydrate, Eiweiß, Fette, Vitamine, Mineralstoffe, Spurenelemente, sekundäre Pflanzenstoffe und Wasser sind wichtige Bausteine, die für einen reibungslosen Ablauf unserer Körperfunktionen sorgen.

**Kohlenhydrate**

Die Basis einer gesunden Ernährung bilden Brot, Getreideprodukte, Gemüse und Gemüsesäfte. Diese Lebensmittel geben Ihnen die Energie, die Sie den ganzen Tag über fit hält und sorgen für eine gute Verdauung. Etwa 60 Prozent unserer Nahrung sollte täglich aus Kohlenhydraten bestehen. Kohlenhydrate zählen zu den wichtigsten Energielieferanten unseres Körpers. Sie werden für die Muskelarbeit, für das Gehirn, aber auch für eine gute Verdauung benötigt. Regelmäßiger Nachschub in nicht zu großen Mengen sorgt dafür, dass Ihnen die Kraft nicht verloren geht.

**Eiweiß**

Ein weiterer wichtiger Hauptnährstoff sind die Eiweiße. Sie sind lebensnotwendig und müssen ebenfalls regelmäßig zugeführt werden. Diese Aufbaustoffe setzen sich aus Fleisch, Milch und Milchprodukten, Fisch und Eiern zusammen. Ein- bis zweimal pro Woche Fleisch und Fisch, täglich Milch oder Milchprodukte (Käse, Joghurt, Quark) und insgesamt wenig Eier (zwei Stück pro Woche) genügen, um den Bedarf zu decken.

**Fett**

Die meiste Energie liefern die Fette und Öle, die in einer ausgewogenen Ernährung unentbehrlich sind. Sie gewährleisten die Versorgung mit fettlöslichen Vitaminen, lebensnotwendigen Fettsäuren und sind Aromaträger.

Gute Eiweißquellen sind mageres Fleisch, Fisch, Eier und fettarme Milchprodukte. Aber auch pflanzliche Lebensmittel können hochwertiges Eiweiß liefern – allen voran die Hülsenfrüchte.

Obst und Gemüse ist reich an Vitaminen und Mineralstoffen, es enthält leicht verwertbare Kohlenhydrate, so gut wie kein Fett, dafür aber satt machende und verdauungsfördernde Ballaststoffe.

## Empfehlungen für die Fettzufuhr

Als Richtwert für die Fettzufuhr werden für Erwachsene 25 bis 30 Prozent der täglichen Nahrungsenergie angegeben. Das entspricht bei einer Gesamtenergiezufuhr von beispielsweise 2000 Kilokalorien pro Tag (Richtwert für Frauen) ca. 60 Gramm Fett. Gegen eine Fettreduzierung im Sinne der Low-fat-Ernährung auf 40 Gramm pro Tag ist ebenfalls nichts einzuwenden.

**Vitamine**

Obst und Obstsäfte sorgen für den notwendigen Schutz Ihrer Zellen und halten Ihren Stoffwechsel auf Trab. Obst enthält ebenso wie Gemüse viele Vitamine und Mineralstoffe, die unseren Körper vor fremden Stoffen bewahren und uns vor Krankheiten schützen können.

**Mineralstoffe**

Samen, Sprossen, Kräuter und Nüsse sind in den kleinen Dingen ganz groß: Durch ihren hohen Vitamin- und Mineralstoffgehalt ergänzen sie die tägliche Ernährung optimal und könnten auch als Nahrungsergänzungsstoffe bezeichnet werden. Sie enthalten bioaktive Stoffe, die Ihren Körper vor Infekten bewahren, sie steigern die Konzentration und fördern die Verdauung. Sie geben Ihnen zusätzlich die Vitalität, die Sie für den ganzen Tag brauchen.

**Sekundäre Pflanzenstoffe**

Die gesundheitlichen Wirkungen von sekundären Pflanzenstoffen sind heute nicht mehr von der Hand zu weisen. Sie sollen vorbeugend gegen Krebs, aber auch vor Infektionen mit Bakterien und Viren schützen, die Entstehung von schädlichen Stoffwechselprodukten hemmen, das Immunsystem anregen, Blutgerinnsel verhindern und verdauungsfördernd sein. Von den sekundären Pflanzenstoffen sind mehr als 100.000 verschiedene Stoffe in Obst und Gemüse bekannt, unter anderem Farbstoffe, schwefelhaltige Verbindungen und andere aroma-, farb- und geschmacksgebende Stoffe.

**Wasser**

Mineralwasser weist die höchste Mineralstoffdichte auf und versorgt Ihren Körper mit lebensnotwendigen Mineralstoffen und Spurenelementen. Bei einer fettarmen Ernährung ist Wasser ein wichtiger Begleiter. Da der Mensch zu sechzig Prozent aus Wasser besteht, ist eine tägliche Wasserzufuhr von etwa zwei Litern notwendig. Der Kreis-

lauf stabilisiert sich, man fühlt sich nicht so schlapp. Vor allem ballaststoffreiche Lebensmittel benötigen viel Wasser, um quellen und dadurch die Verdauung anregen zu können.

## Wie viel Energie braucht der Mensch?

Stellen Sie sich Ihren Körper als Verbrennungsmaschine vor: Diese Maschine benötigt für verschiedene Funktionen verschieden hohe Brennstoffmengen (Energie). Man unterscheidet dabei den Grundumsatz, den Erhaltungsumsatz und den Leistungsbedarf.
Der Grundumsatz ist die Menge an Brennstoffverbrauch, die zur Erhaltung aller grundlegenden Körperfunktionen in Ruhe benötigt wird, dazu gehört die Durchblutung, der Herzschlag, die Lungenfunktion, die Wärmeproduktion.
Der Erhaltungsumsatz ist jener Verbrauch, der für ganz normale Bewegungen wie zum Beispiel Sitzen, Stehen, Gehen, Kauen, Schlucken benötigt wird.
Der Leistungsbedarf ist der Umsatz, der über den Grundumsatz und den Erhaltungsumsatz hinaus benötigt wird, zum Beispiel bei starker sportlicher Aktivität, schwerer körperlicher Arbeit, während der Schwangerschaft, der Stillzeit oder bei schweren Erkrankungen. All diese Funktionsbereiche benötigen Nachschub in Form von Nahrung, um weiterhin funktionieren zu können. Die einzelnen Nährstoffe weisen aber unterschiedliche Kilokaloriengehalte auf:

- 1 Gramm Fett liefert ca. 9 Kilokalorien Energie
- 1 Gramm Eiweiß liefert ca. 4 Kilokalorien Energie
- 1 Gramm Kohlenhydrate liefert ca. 4 Kilokalorien Energie
- 1 Gramm Alkohol liefert ca. 7 Kilokalorien Energie

Die Schilddrüsenhormone bestimmen weitgehend den Energieverbrauch eines Menschen. Der individuelle Energiebedarf wiederum ist abhängig vom Geschlecht (Frauen haben einen geringeren Grundumsatz) und vom Alter (je älter desto niedriger der Energieverbrauch).

### Wie viele Kalorien dürfen es sein?

Eine Faustregel besagt: Für den Grundumsatz benötigt der Mensch pro Gramm Körpergewicht und Stunde etwa 1 Kilokalorie. Eine Frau mit 60 Kilogramm benötigt also für den Grundumsatz etwa 1440 Kilokalorien. Allerdings spielen viele Faktoren bei der Energieverbrennung eine Rolle, so dass sich tatsächlich sehr unterschiedliche Grundumsätze ergeben können.

# Low-fat-Ernährung

Es ist gar nicht schwer, die Ernährung auf »fettarm« umzustellen. Mit dem notwendigen Wissen, ein paar Kniffen und etwas Konsequenz können Sie sich bald gar nicht mehr vorstellen, wie Sie sich früher einmal ernährt haben.

Um Fett einzusparen, gibt es verschiedene Möglichkeiten. Das Warenangebot umfasst Lebensmittel mit natürlichem niedrigen Fettgehalt und sog. »Light«-Produkte. Außerdem kann man mit Hilfe geeigneter Küchengeräte und durch verschiedene Garverfahren Fettmengen reduzieren.

## Natürliche Fettreduzierung

Die sinnvollste, einfachste und billigste Methode ist, Lebensmittel auszuwählen, die von Natur aus fettarm sind, wie z. B. Obst und Gemüse. Diese enthalten neben vielen Vitaminen und Mineralstoffen bioaktive Substanzen, die unseren Stoffwechsel positiv beeinflussen und zahlreiche Krankheiten lindern oder sogar heilen können. Ersetzen Sie fettreiche Lebensmittel durch fettarme, mit gleichzeitiger Erhöhung der Kohlenhydratzufuhr, da hiermit eine größere Sättigung erreicht wird. Die Hauptquellen fettreicher Lebensmittel sind Streichfette und Öle, Fleisch und Wurst und Milchprodukte und Käse. Da wir uns bezüglich unseres Lebensmittelangebots in einem Schlaraffenland befinden, gibt es auf dem Markt der fettarmen bzw. fettreduzierten Produkte – auch für die genannten Hauptlieferanten von Fett – eine große Auswahl. Hier sollten Sie in erster Linie auf natürliche fettarme Varianten zurückgreifen. Kaufen Sie beispielsweise fettarme Milch statt

Vollfettmilch, Magerquark statt Sahnequark, Schinken statt Salami, Hähnchenbrustfleisch statt Schweinshaxe, usw. Spezielle Diätprodukte auf fettreduzierter Basis sind zwar ebenfalls für eine Low-fat-Ernährung geeignet, allerdings können Sie Ihren Speiseplan auch mit der richtigen Auswahl an herkömmlichen Lebensmitteln genauso gut und vor allem viel preiswerter zusammenstellen.

**Lebensmittel im Vergleich mit Fettgehalt (g) pro 100 Gramm**

| Lebensmittel | Fett | Lebensmittel | Fett |
|---|---|---|---|
| Camembert, 60 % | 33 | Camembert, 30 % | 13 |
| Crème fraîche | 30 | Sauerrahm, 10 % | 10 |
| Leberwurst | 34 | Geflügelwurst | 18 |
| Hähnchen mit Haut | 19 | Hähnchenbrustfilet | 1 |
| Hering | 18 | Kabeljau | 0,4 |
| Lachs | 14 | Hummer | 2 |
| Mayonnaise | 80 | Joghurt, 1,5 % | 1,5 |
| Quark, 40 % | 11 | Quark, 0,3 % | 0,2 |
| Sahne, 30 % | 30 | Kaffeesahne, 10 % | 10 |
| Vollmilch, 3,5 % | 3,5 | fettarme Milch, 1,5 % | 1,5 |

Leider sieht man vielen Lebensmitteln von außen nicht an, wie fetthaltig sie sind. Und nicht jedes Lebensmittel hat ein Etikett mit Nährwertangaben. Wenn Sie sich unsicher sind, werfen Sie doch vor dem Einkaufen einen Blick auf die Tabellen am Anfang und am Ende dieses Buches.

**Light-Produkte haben in den unterschiedlichsten Lebensmittelbereichen Einzug gehalten. Meist lässt sich aber nicht auf Anhieb erkennen, wieso sie »light« sind. Ob sie nun leicht an Kalorien oder Fett sind, muss aus rechtlichen Gründen auf der Verpackung stehen.**

Folgende Lebensmittel sollten ein fester Bestandteil der leichten Küche sein:

- alle Gemüse- und Obstsorten (Ausnahme: Avocado)
- Vollkornprodukte
- fettreduzierte Milch und Milchprodukte
- Hülsenfrüchte
- fettarmer Fisch und Muscheltiere
- Geflügel (ohne Haut), mageres Schweine-, Lamm-, Kalb- und Rindfleisch (Schnitzel, Filet)
- Nudeln (am besten aus 100 Prozent Hartweizen), Reis, Couscous, Grünkern, Buchweizen
- pflanzliche Fette und Öle anstelle von tierischem Fett
- alkoholfreie, ungesüßte Säfte (z. B. Mineralwasser, Tee, Orangen- und Apfelsaft)

## Auf versteckte Fette achten!

Die meisten Menschen wissen gar nicht, wo überall Fett drinsteckt. Hier tut Aufklärung Not, da gerade bei den versteckten Fetten die Gefahr einer übermäßigen Fettzufuhr besteht. Ungefähr 60 Prozent des Fettes, das wir täglich essen, ist versteckt und daher als solches nicht erkennbar. Es lauert in Milchprodukten, Eiern, Kuchen, Keksen, Süßigkeiten, Knabbereien, Fleisch und Wurst. Vor allem industriell hergestellte Fertiggerichte (Tiefkühlprodukte, Dosengerichte) enthalten oft hohe Mengen an Fett. Am sichersten ist es deshalb, zum Kochen frische Zutaten zu verwenden. Dann weiß man, wie viel Fett im Essen steckt.
Leider findet man heutzutage nur bei den wenigsten Lebensmitteln Hinweise auf dem Etikett über die Nährstoffgehalte. Kleiner Tipp: Schauen Sie dennoch genau aufs Etikett, die Reihenfolge ist nämlich für alle Lebensmittel bindend: Steht Fett an erster Stelle, sollten Sie die Finger davon lassen.

## Light-Produkte unter der Lupe

Ein weiteres Marktsegment ist die Palette der sogenannten Light-Pro-

dukte. Ursprünglich wurden diese Produkte als diätetische Mittel eingesetzt, zum Beispiel bei Fettsucht oder Diabetes mellitus. In Quarkspeisen, Fruchtjoghurts und anderen Milchprodukten wird Zucker durch Süßstoffe ersetzt, so dass auch Zuckerkranke in den Genuss dieser Speisen kommen. Außerdem findet man unter den Light-Produkten Lebensmittel, deren Fettgehalt künstlich vermindert wurde. Heute gibt es eine ganze Reihe von Light-Produkten, die man ohne Probleme in einen ausgewogenen Low-fat-Speiseplan integrieren kann.
Aber: Lassen Sie sich nicht von Light-Produkten täuschen. Nicht alles, wo »light« draufsteht, ist auch wirklich leicht! Die Aufschrift light deutet bei Lebensmitteln zwar darauf hin, dass das Produkt weniger Kilokalorien enthält als entsprechende nicht bearbeitete Lebensmittel. Allerdings belastet eine fettreduzierte Leberwurst Ihr Fettkonto immer noch um einiges mehr als beispielsweise von Natur aus magere Putenwurst. Zudem sind diätetische Lebensmittel wesentlich teurer als die natürlichen fettarmen Varianten.

- »Light« bedeutet übersetzt »leicht« und kann neben »fettarm« bzw. »fettreduziert« auch »leicht bekömmlich«, »leicht verdaulich« oder »locker und luftig« bedeuten. Der Begriff ist nur für einige Milchprodukte gesetzlich definiert. Leichter Käse darf höchstens 32,5 Prozent Fett haben, leichter Quark 12,5 Prozent und leichter Joghurt maximal 1,8 Prozent.

- »Fettreduziert« betrifft Lebensmittel, deren Fettgehalt um mindestens 40 Prozent unter dem herkömmlicher Produkte liegt. Weniger Fett ist zwar drin, man weiß jedoch selten im Vergleich wozu.

- »Fettarm« ist kein gesetzlich festgelegter Begriff. Er dient vor allem der Werbung und sagt nichts über den tatsächlichen Fettgehalt aus.

- »Kalorienarm« werden Lebensmittel genannt, die nicht mehr als 50 Kilokalorien in 100 Gramm des verzehrfertigen Produkts enthalten. Getränke, Suppen und Brühen dürfen nicht mehr als 20 Kilokalorien pro 100 Milliliter enthalten.

- Kalorienreduzierte Lebensmittel liefern mindestens 40 Prozent weniger Energie als vergleichbare normale Lebensmittel.

# Praktische Tipps

Streichfette wie Butter und Margarine lassen sich auch durch mageren Quark, nach Belieben mit frischen Kräutern gewürzt, ganz einfach ersetzen.

Überall lauern sie, die kleinen Fettfallen. Es ist gar nicht schwer, sie zu umgehen, wenn man weiß wie. Und dass fettarmes Essen nicht nur genauso gut schmecken kann, sondern auch genauso satt macht, werden Sie am eigenen Leib erfahren.

## Die besten Tipps zum Fettsparen

• Streichfette, wie Butter, Halbfettbutter und Margarine lassen sich leichter verteilen und damit geringer dosieren, wenn sie warm sind. Nehmen Sie sie rechtzeitig aus dem Kühlschrank.

• Öl aus der Flasche sollten Sie mit einem Teelöffel dosieren, denn aus dem kleinen Schuss aus der Ölflasche wird leicht ein zu großer.

• Zum Braten in einer beschichteten Pfanne reicht ein kleiner Teelöffel Öl vollkommen. Mit einem Backpinsel können Sie das Öl oder Bratfett mühelos verteilen.

• Wenn Sie auf Mayonnaise partout nicht verzichten können: Nehmen Sie die fettärmere Salatmayonnaise und strecken Sie sie mit fettarmem Joghurt.

• Salatsaucen können auch mit wenig Öl nach sehr viel schmecken: Verwenden Sie als Basis eine Gemüsebrühe, die Sie mit einem Essig

Ihrer Wahl und nur wenig Öl abschmecken. Dieses Low-fat-Dressing können Sie gleich in größeren Mengen herstellen. Es hält sich – in ein Schraubglas gefüllt und im Kühlschrank aufbewahrt – bis zu einer Woche.

- Brathähnchen ade? Nur zum Teil! Unter der Haut von Geflügel sitzt das meiste Fett. Braten Sie die Haut mit, das ist gut für den Geschmack und hält das Fleisch saftig. Beim Essen der Knusperhaut sollten Sie allerdings zurückhaltend sein bzw. ganz darauf verzichten.
- Magerquark ist oft etwas krümelig. Verrühren Sie ihn mit ein paar Esslöffeln fettarmer Milch und er hat eine Konsistenz wie Sahnequark, nur viel weniger Fett!
- Fettfalle Knabberspaß: Chips, Erdnussflips und Salzmandeln sollten Sie nach Möglichkeit von Ihrem Fernsehtisch verbannen. Steigen Sie um auf selbst gemachtes Popcorn (lässt sich ohne Fett zubereiten, zum Beispiel in der Mikrowelle oder in einem beschichteten Topf), Salzstangen oder asiatische Reiskräcker.

- Wenn Sie die Lust auf Süßes überkommt, dann greifen Sie statt zur Schokolade lieber zu fettfreien Süßigkeiten wie Trockenobst oder Gummibärchen. Die enthalten zwar auch einige Kalorien, dafür aber kein Gramm Fett.

## Tipps für den Einkauf

- Machen Sie sich eine genaue Einkaufsliste, bevor Sie einkaufen gehen, und nehmen Sie sich fest vor, nicht von dieser Liste abzuweichen!
- Lassen Sie sich Zeit für den Einkauf und nehmen Sie die Zutatenliste (Etikett) der einzelnen Lebensmittel genau unter die Lupe. Stehen »Fette« (Milchfett, gehärtetes/ungehärtetes Fett, tierisches/pflanzliches Fett) oder Öle unter den ersten drei Zutaten, sollten Sie nach Möglichkeit die Finger von diesem Lebensmittel lassen.
- Gehen Sie niemals mit hungrigem Magen zum Einkaufen, essen Sie vorher einen Apfel oder eine kleine Scheibe Vollkornbrot mit einem Stück fettarmen Käse, das verringert den ersten Hunger bzw. Appetit.

Halten Sie an Ihren Prinzipien fest und widerstehen Sie den Süßigkeiten an der Supermarktkasse. Manchmal hilft schon ein zuckerfreier Kaugummi, die Gelüste wieder in den Griff zu bekommen.

# Auf die Zubereitung kommt's an

In den deutschen Küchen hat sich in den letzten Jahren eine Veränderung vollzogen. Gesünder, naturbelassen und leichter lautet der

gemeinsame Nenner für diesen neuen Trend. Neben der saisonalen Auswahl der Zutaten kommt es auch auf gutes Kochgeschirr und die richtigen Garmethoden an. Die leichte Küche berücksichtigt bei der Zubereitung alle modernen wissenschaftlichen Errungenschaften wie z. B. das Anbraten ohne Fett in beschichteten Pfannen und schonende Garverfahren, die Eigengeschmack, Farbe und wertvolle Nährstoffe der Produkte erhalten.

Verhindern Sie Vitamin- und Mineralstoffverluste, indem Sie Ihre Lebensmittel so frisch wie möglich zubereiten. Je schonender die Zubereitungsart, desto mehr Inhaltsstoffe können Sie Ihrem Körper zur Verfügung stellen.

**Dünsten**

Dünsten nennt man das Garen im eigenen Saft oder mit wenig Fett- und Flüssigkeitszugabe im geschlossenen Topf. Sie können Gemüse auch ganz ohne Fett dünsten. Dann muss es nach dem Waschen tropfnass in den Topf mit einem gut schließenden Deckel gegeben werden. Auch in Aluminiumfolie lassen sich viele Nahrungsmittel sehr gut dünsten.

**Dämpfen**

Dämpfen ist das Garen im Dampf. Dabei werden die Lebensmittel, vorzugsweise Gemüse, Kartoffeln oder Fisch, in einem Siebeinsatz gegart und kommen mit der Flüssigkeit (Wasser, Wein, Saft oder Brühe) gar nicht in Berührung. Voraussetzung dafür ist ein gut schließender Kochtopf, damit der Dampf nicht entweichen kann. Während der Garzeit immer darauf achten, dass die Flüssigkeit leicht kocht, damit sich Dampf bilden kann. Dämpfeinsätze oder aufstellbare Siebe können Sie passend zur Topfgröße kaufen. Am besten eignet sich ein Dampfdruck- bzw. Schnellkochtopf mit einem dazugehörigen Siebeinsatz.

**Pochieren**

Pochieren ist das Garziehen in heißer, nicht kochender Flüssigkeit. Diese Garmethode eignet sich besonders gut für Fisch. Pochiert wird in leicht gesalzenem, eventuell mit etwas Zitronensaft aromatisiertem Wasser, Weißwein oder Fruchtsaft. Süßspeisen können auch in Milch pochiert werden. Nach dem Aufkochen der Flüssigkeit die Hitze sofort reduzieren, um ein Weiterkochen zu vermeiden. Erst dann das Gargut hineinlegen. Die Garzeiten sind sehr verschieden. Sie können zwischen einer Minute (Schollenfilets) und sechs Minuten (Petersilienklößchen) liegen. Bei sehr kurzen Zeiten das Gargut deshalb nicht in die heiße Flüssigkeit geben, sondern nur mit einer Schaumkelle hineinhalten.

**Blanchieren**

Blanchieren ist ein kurzzeitiges Eintauchen bzw. Garen in sprudelnd kochendem Wasser. Ideal für Gemüse, das in der Low-fat-Küche auf den Punkt gegart wird. Dadurch bleibt es knackig und behält seine natürliche Farbe. Das Gemüse in das kochende Wasser geben und je nach Sorte entweder nur noch einmal kurz aufkochen (Spinat), ein bis zwei Minuten (Böhnchen, Zuckerschoten) oder fünf Minuten (Spargel) kochen. Anschließend in eiskaltem Wasser – möglichst mit Eiswürfeln – abschrecken. Dadurch stoppen Sie den Garprozess und erhalten wertvolle Vitamine und Mineralstoffe.

**Garen im Wasserbad**

Empfindliche Saucen, die als Zutaten Butter, Eier oder Sahne enthalten, können durch zu starke Hitze leicht anbrennen oder ausflocken (gerinnen). Deshalb hängt man das Kochgefäß, in dem sie zubereitet werden, in einen größeren Topf, der mit heißem, aber nicht kochendem Wasser gefüllt ist.

**Das Dämpfen bietet besondere Vorteile: Das Gargut kommt nicht direkt mit der Garflüssigkeit in Kontakt, dadurch wird das Gemüse oder der Fisch nicht ausgelaugt. Die Nährstoffe bleiben weitgehend erhalten. Die Dämpfflüssigkeit sollten Sie beim Fertigstellen des Gerichts mit verwenden!**

Sie können darin Suppen und Saucen warm halten, die nicht mehr weiterkochen sollen.

**Sautieren**

Sautieren bedeutet das Garschwenken in wenig heißem Fett in einer Pfanne oder einem Stieltopf. Kleingeschnittene Kurzbratstücke werden in das heiße Fett gegeben. Die Pfanne während des Garens auf der Kochstelle hin- und herschwenken. Dadurch vermeiden Sie ein Anrösten und erzielen eine gleichmäßige Bräune. Sautieren ist eine ideale Garmethode für Fisch, Geflügel und Innereien.

**Beim Grillen gerinnt durch die starke Hitzeeinwirkung sofort das in Fleisch oder Fisch enthaltene Eiweiß. Das verhindert, dass wertvoller Saft austritt – Nährstoffe und Aroma bleiben weitgehend erhalten.**

**Grillen**

Legen Sie das Grillgut am besten auf einen Grillrost und lassen Sie es ohne Zugabe von Fett (notfalls mit wenig Öl leicht einpinseln) garen. Praktisch sind auch sogenannte Grillpfannen aus Gußeisen, in denen das Gargut nicht im Fett, sondern auf Rippen liegt. Hier sollten Sie allerdings beachten, dass die Pfanne sehr heiß ist, bevor Sie das Grillgut darauf legen.

**Braten**

Verwenden Sie zum Braten beschichtete Pfannen oder Töpfe mit Sandwichböden, die fettfreies

Anbraten erlauben. Falls eine Fettzugabe dennoch nötig wird, sollten Sie wenig Öl, z. B. Rapsöl, in die Pfanne geben und mit einem Haushaltstuch verreiben. Überschüssiges Öl wird dabei vom Tuch aufgenommen. Schneiden Sie sichtbares Fett von Fleisch, Geflügel oder Schinken grundsätzlich weg. Verzichten Sie generell auf fette Panaden um Fleisch, Fisch und Gemüse.

Panade benötigt zudem häufig viel Fett zum Bräunen und saugt dieses vollständig in sich auf. Vorteilhaft für die Low-fat-Küche ist auch das Braten in speziellen Schlauchfolien. Auf diese Weise können Sie enorme Mengen an Fett einsparen, ohne dass Sie auf Knuspriges verzichten müssen.

## Die Low-fat-Garmethoden

❶ Dünsten: Garen im eigenen Saft bzw. in wenig Fett in einem geschlossenen Gefäß.

❷ Dämpfen: Garen von Lebensmitteln in speziellen Einsätzen über einer kochenden Flüssigkeit.

❸ Pochieren: Garziehen lassen von Lebensmitteln in einer siedenden Flüssigkeit.

❹ Garen im Wasserbad: Schonendes Zubereiten unterhalb des Siedepunkts für empfindliche Lebensmittel.

❺ Grillen: Garen unter sehr großer einseitiger Hitzeeinwirkung; ist ohne Zugabe von Fett möglich.

❻ Braten: Zubereitung in wenig Fett in einer Pfanne oder im Backofen, z. B. mit Bräter, Bratschlauch.

Eine gemäßigte Zufuhr an Fetten normalisiert das Körpergewicht und beugt Herz-Kreislauf-Erkrankungen wie Arteriosklerose, hohem Blutdruck und erhöhtem Cholesterinspiegel vor.

# Feines vorab – Vorspeisen

# Quark-Gemüse-Terrine

**Für 4 Portionen**

- **1 Möhre**
- **1 Kohlrabi**
- **100 g Blumenkohl**
- **100 g grüner Spargel**
- **1 Stange Staudensellerie**
- **Jodsalz**
- **Pfeffer aus der Mühle**
- **1 Bund Basilikum**
- **50 g Pinienkerne**
- **50 g geriebener Parmesan**
- **200 g Magerquark**
- **3 Blatt weiße Gelatine**
- **Kresse**
- **Kirschtomaten**

**Zubereitungszeit 35 Minuten (ohne Kühlzeit)**

❶ Die Möhre, die Kohlrabiknolle und den grünen Spargel schälen (den Spargel nur im unteren Drittel). Den Staudensellerie putzen und waschen, anschließend in kurze Stücke zerkleinern. Das Gemüse in Würfel schneiden. Den Blumenkohl waschen und in kleine Röschen teilen.

❷ Das Gemüse in einem großen Topf mit kochendem Salzwasser bissfest garen, abgießen und kalt abschrecken.

❸ Die Basilikumblättchen waschen und mit Pinienkernen, Parmesan und dem Quark zu einer Paste pürieren, salzen und pfeffern.

❹ Die Gelatine in kaltem Wasser einweichen, ausdrücken, in einem kleinen Topf erwärmen und dabei auflösen. Die Gelatine unter die Quarkmasse rühren, dann die Gemüsewürfel locker unter die Quarkmasse mischen.

❺ Um die Terrine nach dem Erkalten besser stürzen zu können, wird die Form mit Klarsichtfolie ausgelegt. Nun die vorbereitete Masse einfüllen und glatt streichen. Die Folie darüber schlagen und die Terrine 3 bis 4 Stunden im Kühlschrank fest werden lassen.

❻ Die Terrine aus der Form stürzen und die Folie vollständig abziehen. Zum Servieren die Terrine in Scheiben schneiden und mit frischer Kresse und halbierten Kirschtomaten garniert anrichten.

► **Pro Portion**
807/193 kJ/kcal • 16 g Eiweiß
9 g Fett • 8 g Kohlenhydrate
3 g Ballaststoffe • 7 mg Cholesterin

Durch die Verwendung von frischen Kräutern und mit einem Hauch Knoblauch kann man den Salzverbrauch einschränken. Allerdings ist der Knoblauch verträglicher, wenn Sie ihn nach dem Zerkleinern oder Pressen ein wenig salzen und ziehen lassen.

# Auberginen-Tomaten-Töpfchen

**Für 2 Portionen**
- 1 Knoblauchzehe
- 1 kleines Stück frischer Ingwer
- frische Kräuter (Petersilie, Basilikum, Oregano)
- 1 kleine Aubergine
- 2 Tomaten
- 1 Frühlingszwiebel
- Jodsalz
- Pfeffer aus der Mühle
- 1 Kugel Mozzarella (120 g)
- Butter für die Förmchen

**Zubereitungszeit 60 Minuten**

**TIPP**
Falls Sie keine kleinen feuerfesten Förmchen haben, können Sie die Tomaten- und Auberginenscheiben auch dachziegelartig in eine kleine Auflaufform einschichten, mit dem Mozzarella belegen und dann überbacken.

1. Knoblauchzehe und Ingwer schälen und sehr fein hacken. Die Kräuter waschen, trocknen und ebenfalls fein hacken. Mit Knoblauch und Ingwer vermischen.

2. Die Aubergine, die Tomaten und die Frühlingszwiebel putzen, waschen und in dünne Scheiben schneiden.

3. Die Auberginen- und Tomatenscheiben mit den Frühlingszwiebeln und der Kräutermischung abwechselnd in kleine, ausgebutterte feuerfeste Förmchen schichten.

4. Mit Jodsalz und Pfeffer aus der Mühle kräftig würzen. Den Mozzarella in dünne Scheiben schneiden und darauf verteilen.

5. Die Förmchen im vorgeheizten Backofen bei 180 °C (Umluft 160 °C, Gas Stufe 2–3) etwa 30 Minuten garen. Dazu passt Weißbrot.

**► Pro Portion**
907/217 kJ/kcal • 14 g Eiweiß
12 g Fett • 9 g Kohlenhydrate
4 g Ballaststoffe • 28 mg Cholesterin

# Gefüllte Frühkartoffeln mit Joghurtsauce

**Für 2 Portionen**

- 2 große Kartoffeln
- Jodsalz, Pfeffer aus der Mühle
- 1 Paranuss
- 1 Knoblauchzehe
- 1 Schalotte
- 100 g Austernpilze
- 1/2 TL Rapsöl
- 1 EL geriebener Parmesankäse
- frische Kräuter (Petersilie, Schnittlauch, Dill, Kerbel, Basilikum)
- 100 g Naturjoghurt

**Zubereitungszeit 40 Minuten**

❶ Die Frühkartoffeln gut waschen und mit der Schale in Salzwasser bissfest garen. Abgießen und etwas abkühlen lassen.

❷ Die Kartoffeln der Länge nach halbieren und so aushöhlen, dass ein etwa 1 Zentimeter dicker Rand bleibt.

❸ Die Paranuss in dünne Scheiben schneiden. Knoblauchzehe und Schalotte abziehen und in feine Würfel schneiden. Austernpilze putzen und kleinschneiden.

❹ Knoblauch, Schalotte und die Austernpilze im heißen Öl anbraten, salzen und pfeffern.

❺ Das Kartoffelfleisch durch die Kartoffelpresse dazudrücken. Die Masse vermischen und in die Kartoffelhälften füllen. Eine Auflaufform ausbuttern und die Kartoffeln hineinsetzen.

❻ Mit den Nussscheiben und dem Parmesankäse bestreuen und im vorgeheizten Backofen bei 200 °C (Umluft 180 °C, Gas Stufe 3–4) etwa 10 Minuten gratinieren.

❼ Die Kräuter waschen, trocknen und fein hacken. Mit dem Joghurt verrühren, salzen und pfeffern. Die Joghurtsauce zu den Kartoffeln reichen.

► **Pro Portion**

978/234 kJ/kcal • 10 g Eiweiß
5 g Fett • 33 g Kohlenhydrate
5 g Ballaststoffe
11 mg Cholesterin

Die ersten Frühkartoffeln sind eine kleine Delikatesse. Sie werden bereits Anfang Juni angeboten. Es genügt, die feine Schale kräftig unter Wasser abzubürsten.

# Kohlrabi-Carpaccio mit Wildkräutern

Viele Nüsse und Samen bekommen erst ein richtig nussiges Aroma, wenn man sie sanft in einer beschichteten Pfanne ohne Zugabe von Fett anröstet.

**Für 2 Portionen**
- 2 EL Kürbiskerne
- 1 Bund Wildkräuter (Bärlauch, Brunnenkresse, Sauerampfer)
- 1 Knoblauchzehe
- 1 TL Keimöl
- 1 kleine Chilischote
- 1 Kohlrabi
- einige Blätter Kopfsalat
- 1 EL Olivenöl
- 2 EL Aceto Balsamico
- Jodsalz
- Pfeffer aus der Mühle
- etwas Honig

**Zubereitungszeit 25 Minuten**

❶ Die Kürbiskerne in einer beschichteten Pfanne ohne Zugabe von Fett bei schwacher Hitze rösten. Aus der Pfanne nehmen und auf einem Teller beiseite stellen. Die Wildkräuter waschen und mit einem Küchenpapier trockentupfen.

❷ Die Knoblauchzehe abziehen und mit dem Öl, den Kräutern und der Hälfte der Kürbiskerne mit dem Stabmixer pürieren oder im Mörser zerreiben.

❸ Die Chilischote halbieren, entkernen und in Scheiben schneiden. Den Kohlrabi schälen und in hauchdünne Scheiben schneiden oder hobeln.

❹ Die Salatblätter waschen und trockenschleudern, mit den Kohlrabischeiben dekorativ auf Tellern anrichten. Die Chilischoten und die restlichen Kürbiskerne darüber streuen, zum Schluss die Kräutermischung in kleinen Klecksen darüber verteilen.

❺ Das Olivenöl mit dem Aceto Balsamico, Jodsalz und Pfeffer aus der Mühle mit dem Schneebesen verschlagen und mit dem Honig süßsauer abschmecken.

❻ Das Dressing zum Schluss über das auf den Tellern angerichtete Kohlrabi-Carpaccio träufeln. Dazu passt am besten frisches Baguette.

► **Pro Portion**
585/140 kJ/kcal • 4 g Eiweiß
10 g Fett • 7 g Kohlenhydrate
2 g Ballaststoffe • 0 mg Cholesterin

***Ein gesunder Genuss, der an die mediterrane Küche erinnert: Kohlrabi-Carpaccio mit Wildkräutern (Seite 27).***

# Buttermilch-Lachs-Terrine

*Im Umgang mit Lachs sollten Sie sparsam sein, denn er gehört nicht gerade zu den sehr mageren Fischen. Kaufen Sie nach Möglichkeit Wildlachs – er hat weniger Fett als der reine Zuchtlachs.*

**Für 2 Portionen**

- **2 Blatt weiße Gelatine**
- **1 Knoblauchzehe**
- **1 Bund gemischte Kräuter**
- **1/4 l Buttermilch**
- **Jodsalz, Pfeffer aus der Mühle**
- **80 g Naturjoghurt**
- **80 g geräucherter Lachs**
- **1 Salatgurke**
- **einige Salatblätter**
- **2 EL Weinessig, 1 TL Olivenöl**

**Zubereitungszeit 30 Minuten**

❶ Die Gelatine in kaltem Wasser einweichen. Knoblauch abziehen und mit den Kräutern fein hacken. Buttermilch salzen und pfeffern. Die Gelatine ausdrücken, in einem kleinen Topf erwärmen und dabei auflösen.

❷ Die gelöste Gelatine unter die Buttermilch rühren. Sobald sie zu gelieren beginnt, den Joghurt unterrühren und abschmecken. Die Buttermilchmasse in 2 Schüsseln aufteilen. Eine Hälfte mit den Knoblauchkräutern vermischen. Den Räucherlachs in kleine Würfel schneiden und in die andere Hälfte einrühren.

❸ In eine kleine Terrinenform eine Schicht Kräuterbuttermilch verteilen, dann eine Lachsschicht darauf streichen. Mit einer Kräuterschicht abschließen und 2 bis 3 Stunden kalt stellen.

❹ Die gewaschene Gurke in feine Scheiben schneiden; den Salat waschen, trocknen und beides auf Tellern anrichten. Aus Essig, Öl, Salz und Pfeffer ein Dressing rühren und darüber geben.

❺ Die Terrine aus der Form stürzen, in Scheiben schneiden und zum Salat geben. Dazu passt Weißbrot.

► **Pro Portion**

828/198 kJ/kcal • 15 g Eiweiß
10 g Fett • 8 g Kohlenhydrate
1 g Ballaststoffe
22 mg Cholesterin

# Tatarpflanzerl vom Räucherlachs

**Für 2 Portionen**
**100 g Räucherlachs**
**1/2 TL Senfkörner**
**1 TL Rapsöl**
**Saft 1/2 Zitrone**
**frische Kräuter (Dill, Schnittlauch, glatte Petersilie)**
**2 Schalotten**
**60 g Salatgurke**
**Jodsalz, Pfeffer aus der Mühle**
**Salatblätter zum Garnieren**

**Zubereitungszeit 15 Minuten**

❶ Den Räucherlachs in dünne Scheiben, dann in feine Streifen schneiden. Diese zu sehr kleinen Würfeln zerkleinern und mit den zerdrückten Senfkörnern vermischen.

❷ Das Rapsöl und den Zitronensaft darüber gießen. Die Kräuter waschen, trocknen und fein hacken. Die Schalotten abziehen und fein würfeln. Die Salatgurke schälen und das Fruchtfleisch ebenfalls fein würfeln.

❸ Schalotten, Kräuter und Gurke zum Lachs geben, untermischen und mit wenig Jodsalz und Pfeffer kräftig abschmecken. Aus der Masse kleine Pflanzerl formen und auf den gewaschenen Salatblättern anrichten.

► **Pro Portion**
928/222 kJ/kcal • 15 g Eiweiß
12 g Fett • 8 g Kohlenhydrate
1 g Ballaststoffe • 22 mg Cholesterin

Die Schalotte ist die Königin unter den Zwiebelgewächsen. Sie ist fein-aromatisch im Geschmack und wird deshalb gerne für Gerichte verwendet, in denen der Zwiebelgeschmack nicht zu stark vorschmecken soll.

# Scampi mit pikanter Chilisauce

Die Scampi können auch auf Holz- oder Schaschlikspieße gesteckt und auf dem Holzkohlengrill oder einem elektrischen Grillgerät ganz ohne Fettzugabe zubereitet werden.

**Für 2 Portionen**
- 1 kleine Chilischote
- 2 Schalotten
- 2 TL Lindenhonig
- 1 TL Weißweinessig
- Pfeffer aus der Mühle
- Jodsalz
- 8 rohe Scampi ohne Schale
- 1 TL Olivenöl
- einige Salatblätter (Eissalat, Eichblattsalat, Lollo Rosso)

**Zubereitungszeit 25 Minuten**

❶ Die Chilischote waschen, der Länge nach aufschneiden und die Kerne und die weißen Innenhäute entfernen. Die Chilischote fein hacken.

❷ Die Schalotten abziehen, klein schneiden und mit der klein geschnittenen Chilischote, dem Honig, wenig Weinessig, Pfeffer aus der Mühle und wenig Jodsalz zu einer pikanten Sauce rühren.

❸ Die Scampi an der inneren Rundung einschneiden und den fadenförmigen schwarzen Darm entfernen. Dann die Scampi mit kaltem Wasser abbrausen, trockentupfen und leicht mit Jodsalz und Pfeffer würzen.

❹ Die Salatblätter putzen, waschen, trockenschleudern und auf Teller verteilen.

❺ Das Olivenöl erhitzen und die Scampi darin rasch von allen Seiten braten.

❻ Die Scampi auf den Salatblättern anrichten und die Chilisauce dazu reichen. Dazu passt Weißbrot.

**► Pro Portion**
593/142 kJ/kcal • 11 g Eiweiß
3 g Fett • 15 g Kohlenhydrate
1 g Ballaststoffe • 80 mg Cholesterin

**TIPP**

**Verwenden Sie für die Salatgarnitur nicht unbedingt Kopfsalat. Da er empfindlicher ist, wird er durch die heißen Scampi stärker in Mitleidenschaft gezogen.**

***Gaumenkitzel als Einstieg für ein kulinarisches Low-fat-Schlemmermahl: Scampi mit pikanter Chilisauce (Seite 31).***

# Mariniertes Gemüse mit Radieschensprossen

**TIPP**

**Größere Mengen mariniertes Gemüse lassen sich sehr gut im Backofen zubereiten: Das Gemüse wie im Rezept vorbereiten. Ein Backblech mit Backpapier auslegen und mit wenig Öl bestreichen. Das Gemüse darauf verteilen und im vorgeheizten Backofen bei 200 °C (Umluft 180 °C, Gas Stufe 3–4) 20 Minuten backen. Herausnehmen, in eine flache Form füllen, salzen, pfeffern und mit Essig oder Zitronensaft beträufeln.**

**Für 4 Portionen**

**1 Zucchino**
**1 Aubergine**
**1 Fleischtomate**
**1 rote Paprikaschote**
**1 gelbe Paprikaschote**
**200 g Austernpilze**
**1 TL Olivenöl**
**Jodsalz**
**Pfeffer aus der Mühle**
**4 EL Aceto Balsamico**
**1 Knoblauchzehe**
**1/2 rote Chilischote**
**1 kleine Zwiebel**
**4 EL Radieschensprossen**

**Zubereitungszeit 25 Minuten**

❶ Zucchino, Aubergine und Tomate putzen, waschen und in knapp fingerdicke Scheiben schneiden. Die Paprikaschoten entkernen, waschen und in mundgerechte Stücke schneiden. Die Austernpilze etwas zerkleinern.

❷ In einer beschichteten Pfanne wenig Olivenöl erhitzen und das Gemüse darin portionsweise von allen Seiten anbraten. Zum Schluss salzen und pfeffern.

❸ Aus Aceto Balsamico, 2 Esslöffeln Wasser, Jodsalz, frisch gemahlenem Pfeffer, klein gehacktem Knoblauch und wenig Chilischote eine Marinade rühren.

❹ Das Gemüse auf Küchenpapier legen und damit das Öl abtupfen. Anschließend in eine Schüssel schichten und mit der Marinade bedeckt einige Stunden durchziehen lassen.

❺ Zwiebel abziehen, in feine Würfel schneiden und mit den Radieschensprossen über das Gemüse streuen. Mit wenig Olivenöl beträufelt anrichten.

**► Pro Portion**

477/114 kJ/kcal • 6 g Eiweiß
2 g Fett • 15 g Kohlenhydrate
8 g Ballaststoffe • 0 mg Cholesterin

# Crostini mit Auberginen und Tomaten

**Für 4 Portionen**
**4 kleine Tomaten**
**1 Aubergine**
**2 Knoblauchzehen**
**1 kleines Bund Basilikum**
**Jodsalz**
**Pfeffer aus der Mühle**
**1/2 Chilischote**
**1 Baguette**
**2 EL geriebener Edamer (30 % Fett i.Tr.)**

**Zubereitungszeit 30 Minuten**

1 Die Tomaten mit kochendem Wasser überbrühen, häuten, die Kerne entfernen und das Fruchtfleisch in Würfel schneiden. Die Aubergine putzen, waschen und ebenfalls in feine Würfel schneiden.

2 Das Gemüse in einer beschichteten Pfanne ohne Fettzugabe anbraten. Ab und zu wenden. Den Knoblauch abziehen, zerdrücken und zufügen. Das Basilikum klein schneiden, dazugeben und alles mit Jodsalz, Pfeffer aus der Mühle und wenig Chili pikant würzen.

3 Das Baguettebrot schräg in Scheiben schneiden und toasten oder im Backofen rösten. Mit der Gemüsemasse bestreichen, mit dem geriebenen Käse bestreuen und im Backofen bei 200 °C (Umluft 180 °C, Gas Stufe 3–4) etwa 5 Minuten gratinieren.

**► Pro Portion**
865/207 kJ/kcal • 8 g Eiweiß
1 g Fett • 38 g Kohlenhydrate
4 g Ballaststoffe
1 mg Cholesterin

# REICHHALTIG – SALATE

# NIZZA-SALAT

**Für 2 Portionen**
**1/2 Kopfsalat**
**120 g Thunfisch (aus der Dose, im eigenen Saft)**
**1/2 gelbe Paprikaschote**
**1/2 rote Paprikaschote**
**2 Tomaten**
**1 kleine rote Zwiebel**
**2 Eier**
**2 EL Maiskörner**
**1/2 Salatgurke**
**einige schwarze, entkernte Oliven**
**Dressing:**
**1 Tomate**
**4 EL Weißweinessig**
**1/2 TL Senf**
**1 Knoblauchzehe**
**1 TL Olivenöl**
**Jodsalz, Zucker**
**Pfeffer aus der Mühle**
**Basilikum, Schnittlauch, Petersilie**

**Zubereitungszeit 25 Minuten**

1. Den Kopfsalat zerpflücken und waschen. Die Paprikaschoten putzen, waschen und in Streifen schneiden. Die Eier hart kochen und pellen. Gewaschene Tomaten und Eier achteln.

2. Die Zwiebel abziehen und in feine Ringe schneiden, die Salatgurke waschen und in Scheiben schneiden. Alles mit dem abgetropften und etwas zerpflückten Thunfisch und den Maiskörnern in einer Schüssel vermischen.

3. Für das Dressing die Tomate mit kochendem Wasser überbrühen und häuten. Die Tomate entkernen und das Fruchtfleisch in feine Würfel schneiden.

4. Weißweinessig, Senf und die durchgepresste Knoblauchzehe mit Salz, Pfeffer und etwas Zucker verrühren. Das Öl dazugeben und die gewaschenen und fein gehackten Kräuter sowie die Tomatenwürfel unterrühren.

5. Die Salatzutaten mit dem Dressing vermischen, mit frischen Kräutern bestreuen und die Oliven darüber verteilen.

**► Pro Portion**
1254/300 kJ/kcal • 26 g Eiweiß
15 g Fett • 15 g Kohlenhydrate
7 g Ballaststoffe • 248 mg Cholesterin

Dieser traditionsreiche Salat eignet sich nur dann für eine fettreduzierte Ernährung, wenn Sie das Dressing auch wirklich selber machen.

# Spargelsalat

Frischen Spargel aus heimischen Anbaugebieten gibt es von Mitte April bis Ende Juni. Beinahe ganzjährig bekommen Sie aber inzwischen weißen Spargel z. B. aus Ländern wie Griechenland oder Südafrika.

**Für 2 Portionen**

**200 g weißer Spargel**
**200 g grüner Spargel**
**Saft 1/2 Zitrone**
**Jodsalz**
**1 Prise Zucker**
**4 cl Weißwein**
**1 TL Keimöl**
**1 EL Obstessig**
**1 EL Aceto Balsamico**
**1 EL gehackte Kräuter (Schnittlauch, Petersilie, Dill)**
**1 EL Tomatenwürfel**

**Zubereitungszeit 30 Minuten**

❶ Den weißen Spargel schälen, den grünen Spargel nur im unteren Drittel.

❷ Aus Wasser, Zitronensaft, Jodsalz und wenig Zucker einen Sud herstellen und als erstes den weißen Spargel in den kochenden Sud geben, nach etwa 4 Minuten den grünen Spargel dazugeben und in etwa 8 Minuten bissfest garen.

❸ Den Spargel abgießen und auskühlen lassen, am besten auf einigen Lagen Küchentüchern.

❹ Aus Weißwein, Keimöl, Obstessig, Aceto Balsamico, den gewaschenen und klein gehackten Kräutern, den Tomatenwürfeln und Jodsalz eine Marinade herstellen, über den Spargel geben und mindestens eine halbe Stunde ziehen lassen.

► **Pro Portion**
347/83 kJ/kcal • 5 g Eiweiß
3 g Fett • 6 g Kohlenhydrate
4 g Ballaststoffe
0 mg Cholesterin

# Fitnesssalat

**Für 2 Portionen**

- **1/2 Kopfsalat**
- **2 EL Sprossen**
- **1 kleiner Kohlrabi**
- **1 kleine Möhre**
- **50 g Champignons**
- **2 Radieschen**
- **50 ml Gemüsebrühe**
- **1 EL scharfer Senf**
- **1 kleine Zwiebel**
- **1 Knoblauchzehe**
- **2 EL Weißweinessig**
- **1 TL Honig oder Zucker**
- **Jodsalz, Pfeffer aus der Mühle**
- **1 TL Keimöl**
- **Kräuter (Schnittlauch, Petersilie)**

**Zubereitungszeit 25 Minuten**

❶ Den Salat putzen und mit den Sprossen waschen. Die Kohlrabiknolle und die Möhre schälen. Den Kohlrabi in Streifen, die Möhre in Scheiben schneiden. Die Champignons und die Radieschen putzen und blättrig schneiden.

❷ Alle Zutaten in eine Schüssel geben und gut vermischen.

❸ Für das Dressing Brühe und Senf verrühren. Die Zwiebel abziehen, auf einer Reibe fein reiben und zusammen mit der durchgepressten Knoblauchzehe untermischen. Dann das Öl unterrühren.

❹ Mit Essig, Honig, Jodsalz und frisch gemahlenem Pfeffer pikant abschmecken. Nach Belieben frische, klein geschnittene Kräuter über die vorbereiteten Salatzutaten geben, leicht untermischen und auf Tellern anrichten.

**► Pro Portion**

481/115 kJ/kcal
6 g Eiweiß
4 g Fett
14 g Kohlenhydrate
6 g Ballaststoffe
0 mg Cholesterin

Frische Sprossen werden in Plastikbeuteln verpackt in Kühltheken angeboten, zum Beispiel im Supermarkt, im Reformhaus und im Naturkostladen. Sie sollten bald verzehrt werden. Es empfiehlt sich, die Sprossen gut zu waschen oder zu blanchieren.

# Tafelspitzsalat

Die beim Kochen entstandene Rindfleischbrühe können Sie entfetten (kalt werden lassen und das Fett einfach abnehmen) und als Basis für eine Suppe weiterverwenden.

**Für 2 Portionen**
- 360 g magerer Tafelspitz
- 1 Bund Suppengemüse
- einige Wacholderbeeren
- 2 Nelken
- 1 Lorbeerblatt
- einige Pfefferkörner
- 80 g Champignons
- 4 Radieschen
- 1 Frühlingszwiebel
- 1 EL Obstessig
- 1 EL Rotweinessig
- 1 EL Keimöl
- 1 TL geriebener Meerrettich (Glas)
- 1 TL Schnittlauchröllchen
- 1 TL gehackte Petersilie
- Jodsalz, Pfeffer aus der Mühle
- frische Basilikumblätter
- 2 EL Radieschensprossen
- 1 kleine Tomate

**Zubereitungszeit 85 Minuten**

❶ Den Tafelspitz in Salzwasser mit dem geputzten, gewaschenen bzw. klein geschnittenen Suppengemüse, Wacholderbeeren, Nelken, Lorbeerblatt und Pfefferkörnern in etwa 1 Stunde gerade gar kochen. Aus dem Topf nehmen und gut auskühlen lassen.

*Der würzige Tafelspitzsalat eignet sich – vor allem im Sommer – als komplette Mahlzeit* *(Seite 39).*

❷ Den kalten Tafelspitz in Scheiben schneiden, dann in kleine Streifen. Die Champignons putzen, die Radieschen putzen und waschen. Beides in Scheiben schneiden und mit dem Tafelspitz in einer Schüssel vermischen.

❸ Aus den gewaschenen und in Scheiben geschnittenen Frühlingszwiebeln, Obstessig, Rotweinessig, Keimöl und geriebenem Meerrettich ein Dressing herstellen. Mit Schnittlauch und Petersilie verfeinern und mit Jodsalz und frisch gemahlenem Pfeffer pikant würzen.

❹ Die Salatzutaten mit dem Dressing vermischen und 2 bis 3 Stunden ziehen lassen.

❺ Den Salat nochmals abschmecken, auf Tellern anrichten und mit gewaschenen Basilikumblättern, Radieschensprossen und entkernten Tomatenstückchen garnieren.

► **Pro Portion**
1007/241 kJ/kcal • 16 g Eiweiß
12 g Fett • 13 g Kohlenhydrate
8 g Ballaststoffe • 40 mg Cholesterin

# FELDSALAT MIT HÄHNCHEN

Anstelle von Sherryessig können Sie auch Aceto Balsamico oder einen anderen Rotweinessig in das Dressing rühren.

**Für 2 Portionen**

- 2 Tomaten
- 100 g Feldsalat
- 1/2 Eichblattsalat
- 180 g Hähnchenbrustfilet
- Jodsalz
- Steakpfeffer
- Rosmarin
- wenig Rapsöl
- 1/2 Zwiebel
- 1 EL Keimöl
- 1 EL Sherryessig
- etwas Senf

**Zubereitungszeit 25 Minuten**

1. Die Tomaten mit kochendem Wasser überbrühen, häuten und entkernen. Das Fruchtfleisch in kleine Würfel schneiden.

2. Den Feldsalat und Eichblattsalat putzen, zerpflücken, waschen und gut abtropfen lassen.

3. Das Hähnchenbrustfilet mit Jodsalz, Pfeffer und Rosmarin würzen und in einer mit Rapsöl ausgeriebenen, beschichteten Pfanne von jeder Seite etwa 3 Minuten braten.

4. Das Hähnchenbrustfilet in dünne Scheiben schneiden und mit den Salatzutaten auf einer Platte anrichten.

5. Für die Salatsauce die Zwiebel abziehen, klein schneiden, mit Sherryessig, etwas Senf und Keimöl verrühren, mit Jodsalz und Pfeffer würzen und über den Salat geben.

**► Pro Portion**

890/213 kJ/kcal • 23 g Eiweiß
9 g Fett • 6 g Kohlenhydrate
4 g Ballaststoffe • 54 mg Cholesterin

# Bataviasalat mit Lachsschinken

**Für 2 Portionen**

**1/2 Bataviasalat**
**1/2 Salatgurke**
**1 Stange Staudensellerie**
**1 Tomate**
**100 g magerer Lachsschinken**
**2 EL Dillessig**
**150 g Naturjoghurt**
**2–3 EL Weißwein**
**Jodsalz**
**1 Prise Zucker**
**Pfeffer aus der Mühle**

**Zubereitungszeit 20 Minuten**

❶ Den Salat zerpflücken, waschen und trockenschleudern. Die Salatgurke und den Staudensellerie putzen, waschen und in Scheiben schneiden.

❷ Die Tomate mit kochendem Wasser überbrühen, häuten und vierteln.

❸ Die Salatzutaten vermischen und auf Tellern anrichten. Den Lachsschinken in Streifen schneiden und darüber geben.

❹ Für das Dressing den Dillessig mit Joghurt und Weißwein in einer kleinen Schüssel verrühren, mit Jodsalz, Zucker und frisch gemahlenem Pfeffer würzen und über den Salat verteilen.

► **Pro Portion**
1133/271 kJ/kcal • 18 g Eiweiß
8 g Fett • 7 g Kohlenhydrate
2 g Ballaststoffe • 50 mg Cholesterin

Lachsschinken wird aus dem ausgelösten Kotelettstück des Schweins hergestellt. Er wird mild gepökelt und nur sehr kurz geräuchert. Der Fettrand, den Sie vor dem Essen entfernen sollten, schützt den mageren Schinken vor dem Austrocknen.

# Glasnudelsalat mit Shiitakepilzen

Glasnudeln erhalten Sie im Asienladen oder in gut sortierten Supermärkten. Sie werden aus Reismehl oder gemahlenen Mungobohnen hergestellt. Die dünnen Nudeln sind sehr spröde und werden erst beim Übergießen mit kochendem Wasser weich und durchsichtig.

**Für 2 Portionen**

**100 g Glasnudeln**
**Jodsalz, Pfeffer aus der Mühle**
**4 Shiitakepilze**
**60 g frischer Blattspinat**
**120 g Rinderfilet**
**1 Zwiebel**
**1 Möhre**
**100 g Porree**
**1 Knoblauchzehe**
**etwas frischer Ingwer**
**2 EL Sojasauce**
**1 EL Sesamöl**
**1 Prise Zucker**

**Zubereitungszeit 50 Minuten**

❶ Die Glasnudeln mit kochendem Salzwasser übergießen und 30 Minuten ziehen lassen. Die Pilze putzen, halbieren und kurz in kochendem Salzwasser garen. Abgießen und kalt abschrecken.

❷ Die Spinatblätter verlesen, waschen, kurz in kochendem Salzwasser blanchieren. Kalt abschrecken und gut ausdrücken.

❸ Das Fleisch in dünne Streifen schneiden. Die Zwiebel abziehen und in feine Würfel schneiden. Die Möhre schälen, den Porree putzen, waschen und beides in dünne Stifte schneiden.

❹ Den Knoblauch und den Ingwer schälen und fein hacken. Die Glasnudeln abgießen, mit kaltem Wasser abschrecken und in 10 Zentimeter lange Stücke schneiden.

❺ Die Fleischstreifen in einer beschichteten Pfanne ohne Fettzugabe von allen Seiten anbraten. Dann die Pilze, die Zwiebeln und das Gemüse dazugeben. Mit Jodsalz und Pfeffer würzen und etwa 5 Minuten in der Pfanne dünsten und abkühlen lassen.

❻ Glasnudeln, Spinat, Knoblauch und Ingwer unter das Gemüse und das Fleisch heben und den Salat mit Sojasauce, Sesamöl, Zucker und Pfeffer pikant würzen. 2 Stunden kalt stellen.

► **Pro Portion**
1584/397 kJ/kcal • 24 g Eiweiß
10 g Fett • 46 g Kohlenhydrate
9 g Ballaststoffe • 51 mg Cholesterin

***Darf es mal etwas Exotisches sein? Der Glasnudelsalat mit Shiitakepilzen enthält nur zehn Gramm Fett (Seite 43).***

# Couscous-Salat

Dieser Salat stammt ursprünglich aus dem Vorderen Orient. Die frische Minze ist für den typischen Geschmack dieses Salates unerlässlich.

**Für 2 Portionen**
- 150 ml Gemüsebrühe
- 1 Schalotte
- 120 g Couscous
- 1 Möhre
- 1 kleiner Zucchino
- 1 Zitrone
- 2 EL Weißweinessig
- Jodsalz, Pfeffer aus der Mühle
- 1 Prise Kreuzkümmel
- 1 EL Rapsöl
- frische Pfefferminze

**Zubereitungszeit 30 Minuten**

❶ Die Gemüsebrühe erhitzen, 2 Esslöffel für das Dressing abnehmen. Die Schalotte abziehen und fein hacken, mit dem Couscous mischen, die heiße Brühe darüber gießen und zugedeckt etwa 20 Minuten ziehen lassen.

❷ Möhre schälen, in feine Scheiben schneiden. Zucchino putzen und waschen, ebenfalls in feine Scheiben schneiden.

❸ Die Zitrone auspressen, den Saft mit Essig, Gemüsebrühe, Jodsalz, Pfeffer und Kreuzkümmel verrühren. Das Rapsöl mit einer Gabel unterschlagen. Die Minze waschen, trocknen, fein hacken und unterrühren.

❹ Das Couscous mit dem Dressing vermischen, das Gemüse unterheben und zugedeckt 10 Minuten ziehen lassen. Vor dem Servieren nochmals mit Salz und Pfeffer abschmecken.

**► Pro Portion**

1358/326 kJ/kcal • 9 g Eiweiß
8 g Fett • 50 g Kohlenhydrate
6 g Ballaststoffe
0 mg Cholesterin

# Weisser Bohnensalat

**Für 2 Portionen**

- 1 Glas ungewürzte, gekochte weiße Bohnenkerne (250 ml)
- 200 g Brokkoli
- Jodsalz
- Pfeffer aus der Mühle
- 1 Prise gemahlene Muskatnuss
- 1 rote Zwiebel
- 1 cm frische Meerrettichwurzel
- 2 EL Weißweinessig
- einige Spritzer Ahornsirup
- etwas frischer Thymian
- 1 TL Olivenöl
- 1 kleiner Friséesalat

**Zubereitungszeit 25 Minuten**

❶ Die Bohnen in ein Sieb abgießen, kalt abspülen und gut abtropfen lassen. Den Brokkoli waschen, putzen und in Röschen zerteilen.

❷ Den Brokkoli in einer beschichteten Pfanne mit 5 Esslöffeln Wasser andünsten. Mit Salz, Pfeffer und Muskat würzen. Bei schwacher Hitze zugedeckt etwa 5 Minuten bissfest dünsten.

❸ Die Zwiebel abziehen und in feine Streifen schneiden. Den Meerrettich schälen und fein reiben. Beides mit Essig, Jodsalz, Pfeffer und Ahornsirup zu einer Marinade verrühren und das Olivenöl unterschlagen.

❹ Thymian waschen, trocknen, die Blättchen abzupfen und in die Marinade rühren. Bohnen mit der Marinade in einer großen Schüssel mischen, Brokkoli abgießen und noch heiß dazugeben. Den Salat 30 Minuten ziehen lassen.

❺ Den Friséesalat putzen und waschen, trockenschütteln und in mundgerechte Stücke zupfen. Vor dem Servieren unter den Bohnensalat heben.

► **Pro Portion**

1371/328 kJ/kcal • 22 g Eiweiß
4 g Fett • 45 g Kohlenhydrate
25 g Ballaststoffe • 0 mg Cholesterin

**Hülsenfrüchte wie Bohnen, Linsen und Erbsen sollten Sie ruhig häufig in Ihren Speiseplan aufnehmen, denn sie sind unter den pflanzlichen Lebensmitteln die besten Eiweißlieferanten.**

# HEISS GELIEBT – SUPPEN

# Maronensuppe mit Weintrauben

**Für 2 Portionen**

- **200 g Esskastanien (Maronen)**
- **1 Knoblauchzehe**
- **1 Scheibe Bauernbrot**
- **1 TL Rapsöl, Jodsalz**
- **1 Zwiebel, 100 g Knollensellerie**
- **1/2 l Gemüsebrühe**
- **2 EL Naturjoghurt**
- **Pfeffer aus der Mühle**
- **einige frische Trauben**

**Zubereitungszeit 40 Minuten**

❶ Den Backofen auf 240 °C (Umluft 220 °C, Gas Stufe 5–6) vorheizen.

❷ Die Kastanien kreuzweise einschneiden und im Backofen etwa 10 Minuten rösten. Noch heiß schälen und mit einer Gabel etwas zerdrücken.

❸ Die Knoblauchzehe abziehen und in dünne Scheibchen schneiden. Das Brot entrinden und in Würfel schneiden.

❹ Das Rapsöl in einer beschichteten Pfanne erhitzen, die Knoblauchscheiben und die Brotwürfel dazugeben und knusprig braten, dabei öfter wenden. Zum Schluss vorsichtig salzen.

❺ Die Zwiebel abziehen und in feine Würfel schneiden. Den Sellerie schälen und ebenfalls fein würfeln. Die Kastanien in der Gemüsebrühe mit den Zwiebel- und Selleriewürfeln etwa 20 Minuten weich kochen.

❻ Die Suppe von der Kochstelle nehmen und mit dem Stabmixer pürieren.

❼ Den Joghurt unterrühren (damit er nicht ausflockt, Suppe nicht mehr aufkochen!) und mit Jodsalz und frisch gemahlenem Pfeffer abschmecken.

❽ Die Trauben waschen, halbieren, entkernen und mit den Knoblauch-Brotwürfeln in die Suppe geben.

**► Pro Portion**

1371/328 kJ/kcal • 7 g Eiweiß
5 g Fett • 58 g Kohlenhydrate
13 g Ballaststoffe • 2mg Cholesterin

**Frische Maronen aus Italien, Frankreich und Spanien haben ab Oktober Saison. Im Frühjahr und im Sommer können Sie sich mit konservierten Maronen behelfen.**

# Klares Kartoffelsüppchen

**Für 2 Portionen**

| |
|---|
| **2 Kartoffeln** |
| **1/2 Bund Suppengemüse** |
| **1 kleine Zwiebel** |
| **1 TL Butterschmalz** |
| **3/4 l Fleischbrühe** |
| **Jodsalz** |
| **Pfeffer aus der Mühle** |
| **Majoran, Kümmel** |
| **frische Petersilie** |

**Zubereitungszeit 30 Minuten**

**TIPP**

Für Kartoffelsuppen und -püree sind die mehlig kochenden Kartoffelsorten wie Aula, Selma oder Adretta besonders gut geeignet.

❶ Die Kartoffeln schälen. Das Suppengemüse waschen, putzen bzw. schälen. Die Zwiebel abziehen. Das Gemüse in kleinere Würfel schneiden.

❷ Das Butterschmalz in einem Topf heiß werden lassen und das vorbereitete Gemüse darin anschwitzen.

❸ Das Gemüse mit der vorbereiteten Fleischbrühe auffüllen und die Kartoffelwürfel dazugeben. Mit Jodsalz, frisch gemahlenem Pfeffer, Majoran und Kümmel würzen und in etwa 15 Minuten gar kochen.

❹ Das Kartoffelsüppchen zum Schluss kräftig abschmecken, mit frisch gehackter Petersilie bestreuen und servieren.
Dazu schmeckt ein herzhaftes Bauernbrot oder Vollkornbrötchen mit viel Sonnenblumenkernen.

**Pro Portion**
773/185 kJ/kcal
6 g Eiweiß
4 g Fett
28 g Kohlenhydrate
7 g Ballaststoffe
10 mg Cholesterin

# Porreesuppe mit Radieschen

**Für 2 Portionen**

**2 kleine Bund Radieschen mit grünen, frischen Blättern**
**1/2 Stange Porree**
**1 TL Keimöl**
**1/2 l Gemüsebrühe**
**Jodsalz, Pfeffer aus der Mühle**
**2 EL saure Sahne**
**1 EL Kresse**

**Zubereitungszeit 25 Minuten**

❶ Die Radieschen sowie die Radieschenblätter waschen, putzen und bis auf 2 Radieschen klein schneiden.

❷ Den Porree ebenfalls putzen, waschen und in feine Scheiben schneiden.

❸ Das Öl in einem Topf heiß werden lassen und das Gemüse anschwitzen. Mit der Brühe ablöschen und etwa 8 Minuten kochen lassen.

❹ Die Suppe mit dem Stabmixer pürieren und mit Jodsalz und Pfeffer abschmecken.

❺ Die Suppe mit saurer Sahne verfeinern und nicht mehr aufkochen lassen. Die Suppe in Teller füllen und mit den in Stifte geschnittenen zwei Radieschen und der Kresse bestreuen.

**Pro Portion**

422/101 kJ/kcal • 4 g Eiweiß
6 g Fett • 7 g Kohlenhydrate
4 g Ballaststoffe • 6 mg Cholesterin

Radieschen bleiben länger frisch, wenn man sie, die grünen Blätter voran, in einem mit kaltem Wasser gefüllten Glas lagert.

# Sauerkrautsuppe

**Für 2 Portionen**

- 1/2 Zwiebel
- 1/2 Apfel
- 1/2 TL Butterschmalz
- 1/2 l Gemüsebrühe
- 2 Frühlingszwiebeln
- 1 kleine Möhre
- 200 g Sauerkraut
- 1 EL Schmand
- Jodsalz
- Pfeffer aus der Mühle
- frische Petersilie

Zubereitungszeit 25 Minuten

❶ Die Zwiebel abziehen und klein schneiden. Den Apfel schälen, das Kernhaus entfernen und das Fruchtfleisch in kleine Würfel schneiden.

❷ Das Butterschmalz in einem Topf erhitzen, Zwiebel- und Apfelwürfel dazugeben und andünsten. Mit etwa einer Tasse Gemüsebrühe aufgießen.

❸ Die Frühlingszwiebeln putzen und waschen, die Möhre schälen. Beides in feine Ringe bzw. Scheiben schneiden. Das Sauerkraut abtropfen lassen und grob hacken. Alles zur Suppe geben, mit der restlichen Gemüsebrühe aufgießen und etwa 15 Minuten kochen lassen.

❹ Die Sauerkrautsuppe mit dem Schmand verfeinern, salzen und pfeffern. Erst kurz vor dem Servieren mit frisch gehackter Petersilie bestreuen.

► **Pro Portion**
635/152 kJ/kcal • 6 g Eiweiß
11 g Fett • 11 g Kohlenhydrate
2 g Ballaststoffe • 170 mg Cholesterin

**TIPP**

Die Suppe wird sämiger, auch ohne fetthaltige Crème fraîche, wenn Sie eine fein geriebene rohe Kartoffel mitgaren.

***Gesunde Vitamine, wenig Kalorien, wenig Fett, aber viel Genuss stecken in der köstlichen Sauerkrautsuppe (Seite 51).***

## Sauerkraut

**Sauerkraut zählt zu den gesündesten Lebensmitteln überhaupt. Dabei zeichnet sich Sauerkraut vor allem durch seinen äußerst geringen Fett- und somit auch Kilokaloriengehalt aus. Der hohe Ballaststoffgehalt sorgt zudem dafür, dass die Speise länger im Magen bleibt und die Sättigung nach der Mahlzeit länger anhält.**
**Sauerkraut schmeckt frisch aus dem Fass am besten. Halten Sie die Garzeit von Sauerkraut so kurz wie möglich, damit viel Vitamin C erhalten bleibt.**

RESIDENZ
QUELLE

# Spinatsuppe

Trinken Sie zum Spinat ein Glas frisch gepressten Orangensaft oder säuern Sie den Spinat ein wenig mit frischem Zitronensaft. Dadurch kann das im Spinat enthaltene Eisen besser vom Körper aufgenommen werden.

**Für 2 Portionen**

**200 g Spinat**
**1 TL Butter**
**1 kleine Zwiebel**
**1/2 l Gemüsebrühe oder klare Fleischbrühe**
**2 EL Sahne**
**1 EL Zitronensaft**
**Jodsalz, Pfeffer aus der Mühle**

**Zubereitungszeit 25 Minuten**

❶ Den Spinat verlesen und waschen. Die groben Stiele entfernen, die Spinatblätter fein hacken.

❷ Die Zwiebel abziehen und klein schneiden. Die Butter in einem Topf heiß werden lassen, die klein geschnittene Zwiebel dazugeben und bei schwacher Hitze mit etwas Brühe weich dünsten.

❸ Die Spinatblätter dazugeben und weitere 5 Minuten dünsten.

❹ Mit der restlichen Brühe auffüllen und zum Kochen bringen. Die Suppe mit einem Stabmixer sehr fein pürieren.

❺ Die Sahne und den Zitronensaft unterrühren und die Suppe mit Salz und frisch gemahlenem Pfeffer abschmecken und sofort servieren.

► **Pro Portion**
736/176 kJ/kcal • 7 g Eiweiß
14 g Fett • 5 g Kohlenhydrate
4 g Ballaststoffe • 183 mg Cholesterin

# Gemüsesuppe mit Reis

| | |
|---|---|
| **Für 4 Portionen** | |
| **1 Möhre** | |
| **1 Zucchino** | |
| **1/2 Weißkohl** | |
| **1 Knoblauchzehe** | |
| **3/4 l Gemüsebrühe** | |
| **1/4 l Tomatensaft** | |
| **90 g Reis** | |
| **Jodsalz** | |
| **Pfeffer aus der Mühle** | |

**Zubereitungszeit 30 Minuten**

❶ Die Möhre schälen und mit dem geputzten und gewaschenen Zucchino in feine Würfel schneiden. Den Weißkohl waschen und ebenfalls in feine Würfel schneiden. Knoblauch abziehen und fein hacken.

❷ Die Gemüsebrühe mit dem Tomatensaft, dem Gemüse und dem Knoblauch in einen großen Topf geben und aufkochen lassen. Den Reis dazugeben und mit Jodsalz und frisch gemahlenem Pfeffer würzen.

❸ Die Gemüsesuppe zugedeckt 15 bis 20 Minuten kochen lassen, bis das Gemüse und der Reis gar sind. Die Suppe abschmecken und sofort servieren.

► **Pro Portion**
615/147 kJ/kcal • 5 g Eiweiß
2 g Fett • 25 g Kohlenhydrate
5 g Ballaststoffe • 0 mg Cholesterin

Bunte Gemüsesuppen sind ein Paradebeispiel für die Low-fat-Küche: gerade mal 150 Kilokalorien und nur zwei Gramm Fett pro Teller. Da dürfen Sie ohne nachzudenken auch ein zweites Mal zugreifen!

# Gelbe Paprikasuppe mit gebratenen Scampi

Wem das Häuten der Paprikaschoten zu zeitaufwändig ist, der kann Paprikaschoten auch samt Haut als Suppe zubereiten und sie vor dem Servieren durch ein feines Haarsieb streichen.

**Für 4 Portionen**

**4 gelbe Paprikaschoten**
**200 g Kartoffeln**
**2 Zwiebeln**
**1 l Gemüsebrühe**
**1/2 TL mildes Currypulver**
**1/4 TL Kurkuma**
**1/4 TL Koriander**
**Jodsalz**
**Pfeffer aus der Mühle**
**4 Scampi (à 35 g) ohne Schale**
**1 TL Zitronensaft**
**1/2 TL Olivenöl zum Braten**
**1 EL Schnittlauchröllchen**

**Zubereitungszeit 40 Minuten**

❶ Die Paprikaschoten waschen, halbieren und entkernen. Die Schoten mit kochendem Wasser überbrühen, häuten und klein schneiden. Die Kartoffeln schälen und klein schneiden.

❷ Die Zwiebeln abziehen und in feine Würfel schneiden. Etwa eine Tasse der Gemüsebrühe erhitzen und die Zwiebeln, die Paprikaschoten und die Kartoffeln darin andünsten. Mit der restlichen Gemüsebrühe aufgießen und mit Currypulver, Kurkuma, Koriander, Jodsalz und frisch gemahlenem Pfeffer würzen.

❸ Die Suppe etwa 20 Minuten kochen lassen, von der Kochstelle nehmen und mit dem Stabmixer pürieren. Nochmals aufkochen lassen und abschmecken.

❹ Inzwischen die Scampi unter kaltem Wasser abbrausen, trockentupfen und mit Jodsalz, Zitronensaft und frisch gemahlenem Pfeffer würzen.

❺ In einer beschichteten Pfanne wenig Olivenöl erhitzen und die Scampi darin von allen Seiten braten.

❻ Die Suppe in Teller verteilen, die Scampi mit Küchenpapier abtupfen, in die Suppe geben und mit den Schnittlauchröllchen bestreut servieren. Geröstete Weißbrotscheiben dazu reichen.

► **Pro Portion**
1137/272 kJ/kcal • 16 g Eiweiß
5 g Fett • 35 g Kohlenhydrate
16 g Ballaststoffe • 56 mg Cholesterin

***Die gelbe Paprikasuppe bekommt vor allem durch das indische Gewürz Kurkuma seine leuchtende Farbe (Seite 55).***

# Scharf-saure Shiitakesuppe

**TIPP**

Wer keine Chilisauce im Haus hat, ersetzt die Sauce durch ein kleines Stückchen frische Chilischote oder schmeckt die Suppe mit Cayennepfeffer scharf ab.

**Für 4 Portionen**

- 30 g Glasnudeln
- Jodsalz, Pfeffer aus der Mühle
- 1 l Hühnerbrühe
- 60 g Schweinefilet
- 1 TL Mehl
- 100 g Porree
- 50 g Bambussprossen (Dose)
- 100 g Shiitakepilze
- 50 g geschälte Garnelen
- 4 EL Sojasauce
- 1 EL Weißweinessig
- 1 EL Chilisauce

**Zubereitungszeit 60 Minuten**

❶ Die Glasnudeln mit kochendem Salzwasser übergießen und 30 Minuten ziehen lassen. Die Hühnerbrühe zum Kochen bringen. Das Fleisch in sehr feine Streifen schneiden und mit Mehl, Salz und Pfeffer bestreuen.

❷ Den Porree putzen, waschen und in feine Ringe schneiden. Die Bambussprossen in feine Streifen schneiden. Die Pilze putzen und in Scheiben schneiden.

❸ Eine beschichtete Pfanne mit Rapsöl ausreiben, erhitzen und das Fleisch darin anbraten. Das Fleisch zur Brühe geben und aufkochen. Die Glasnudeln abgießen, in 10 Zentimeter lange Stücke schneiden und ebenfalls in die Brühe geben.

❹ Das Gemüse und die Garnelen dazugeben und weitere 10 Minuten kochen. Die Suppe mit Sojasauce, Essig, Pfeffer und Chilisauce scharf-sauer abschmecken.

**► Pro Portion**
551/132 kJ/kcal • 9 g Eiweiß
4 g Fett • 13 g Kohlenhydrate
3 g Ballaststoffe
28 mg Cholesterin

# Kalte Tomatensuppe

**Für 2 Portionen**
**1 Knoblauchzehe**
**Jodsalz**
**1 EL Zitronensaft**
**1 TL kaltgepresstes Olivenöl**
**frischer Zitronenthymian**
**frisches Basilikum**
**300 g sehr reife Tomaten**
**Pfeffer aus der Mühle**
**2 große Radieschen**
**1 EL frische Kresse**

**Zubereitungszeit 20 Minuten**

❶ Den Knoblauch abziehen und mit etwas Jodsalz zu einer Paste zerdrücken. Anschließend mit Zitronensaft und Öl verrühren. Die Kräuter waschen, trocknen und die Blätter sehr fein hacken.

❷ Die Tomaten mit kochendem Wasser überbrühen, häuten und entkernen. Das Fruchtfleisch im Mixer pürieren. Mit Jodsalz und etwas frisch gemahlenem Pfeffer würzen.

❸ Die Knoblauchmischung und die Kräuter unter das Tomatenmus rühren. Die Suppe pikant abschmecken, anrichten und die geputzten und gewaschenen Radieschen über die Suppe raspeln. Mit frischer Kresse garniert servieren.

► **Pro Portion**
234/56 kJ/kcal • 2 g Eiweiß
3 g Fett • 5 g Kohlenhydrate
3 g Ballaststoffe • 0 mg Cholesterin

Für diese Sommersuppe eignen sich besonders gut Flaschen- oder Fleischtomaten. Sie haben auch ungekocht ein kräftiges Aroma.

# Raffiniert und leicht – Fleisch

# Schweinefilet mit Tomaten

**Für 2 Portionen**

**320 g Schweinefilet**
**1 TL gerebelter Majoran**
**gemahlener Kümmel**
**Jodsalz**
**Pfeffer aus der Mühle**
**1 Knoblauchzehe**
**1/2 Zwiebel**
**2 Frühlingszwiebeln**
**2 Tomaten**
**etwas Rapsöl**
**frisches Basilikum**
**frischer Oregano**

**Zubereitungszeit 25 Minuten**

❶ Das Schweinefilet waschen und trockentupfen. Das Fleisch in Scheiben schneiden und mit Majoran, Kümmel, Jodsalz und gemahlenem Pfeffer würzen.

❷ Die Knoblauchzehe abziehen und fein hacken. Die Zwiebel abziehen, Frühlingszwiebeln putzen, waschen und beides in feine Scheiben schneiden.

❸ Die Tomaten kreuzweise einschneiden und mit kochendem Wasser überbrühen. Die Tomaten häuten, die Kerne entfernen und das Fruchtfleisch in kleine Würfel schneiden.

❹ Eine beschichtete Pfanne mit Rapsöl ausreiben, erhitzen und den Knoblauch darin kurz anbraten. Die Fleischscheiben dazugeben und von beiden Seiten braten, dann alles herausnehmen und warm stellen.

❺ Die Zwiebel und die Frühlingszwiebeln im Bratfett glasig dünsten, die Tomaten ganz kurz mitdünsten. Das Gemüse mit Jodsalz und Pfeffer abschmecken.

❻ Basilikum und Oregano waschen, trockentupfen und grob hacken.

❼ Das Fleisch mit dem Tomatengemüse auf die Teller verteilen und vor dem Servieren mit den gehackten Kräutern bestreuen.

► **Pro Portion**
1346/322 kJ/kcal • 34 g Eiweiß
14 g Fett • 9 g Kohlenhydrate
4 g Ballaststoffe • 104 mg Cholesterin

Nachdem Sie das Fleisch gewaschen und trockengetupft haben, sollten Sie alles sichtbare Fett entfernen. Erst danach das Filet in Scheiben schneiden.

# Schweinegeschnetzeltes in Senfsauce

Lassen Sie das Geschnetzelte nicht länger als erforderlich braten. Das klein geschnittene Fleisch verliert schnell an Saftigkeit und damit auch an Geschmack.

**Für 2 Portionen**

- 320 g Schweineschnitzel
- 1 Frühlingszwiebel
- 1 Möhre
- 150 g Brokkoli
- wenig Butterschmalz
- 1 TL Mehl
- Currypulver
- 1/4 l entfettete Brühe
- 1/8 l fettarme Milch
- scharfer Senf
- eine Prise Zucker

Zubereitungszeit 45 Minuten

❶ Das Schweinefleisch waschen, trockentupfen und in Streifen schneiden.

❷ Die Frühlingszwiebel putzen, waschen und in Scheiben schneiden. Die Möhre schälen und grob raspeln. Den Brokkoli putzen, waschen und in kleine Röschen teilen.

❸ Eine beschichtete Pfanne mit Butterschmalz ausreiben und das Fleisch darin anbraten. Die vorbereitete Frühlingszwiebel dazugeben und mit frisch gemahlenem Pfeffer würzen.

❹ Das Geschnetzelte mit Mehl und Currypulver bestäuben und gleich mit Brühe und Milch aufgießen. Die Möhrenraspel und die Brokkoliröschen dazugeben und aufkochen lassen.

❺ Mit etwas Senf, Jodsalz und Zucker pikant abschmecken und anrichten.
Dazu passen Schnittlauchkartoffeln oder asiatischer Duftreis.

**► Pro Portion**

1626/389 kJ/kcal • 39 g Eiweiß
16 g Fett • 15 g Kohlenhydrate
6 g Ballaststoffe • 115 mg Cholesterin

# Pfannengyros

**Für 2 Portionen**
**2 EL Magerquark**
**100 g Joghurt**
**1 Knoblauchzehe**
**1/2 Zwiebel, 1/2 Salatgurke**
**Jodsalz, Pfeffer aus der Mühle**
**Schnittlauch, Petersilie**
**320 g Schweineschnitzel**
**1/2 TL Butterschmalz**
**1/2 rote Zwiebel**
**1/2 weiße Zwiebel**
**Oregano, Thymian**
**1 TL Paprikapulver**
**rote Zwiebelringe zum Garnieren**

**Zubereitungszeit 35 Minuten**

❶ Für das Tsatsiki Quark mit Joghurt glatt rühren. Knoblauchzehe abziehen und zerdrücken. Die Zwiebel abziehen und mit der Salatgurke in kleine Würfel schneiden. Alle Zutaten gut miteinander vermischen und mit Jodsalz und frisch gemahlenem Pfeffer würzen. Mit Schnittlauchröllchen und gehackter Petersilie bestreuen.

❷ Das Schweinefleisch waschen, trockentupfen und in Streifen schneiden. Butterschmalz in einer Pfanne erhitzen und das Fleisch darin von allen Seiten gut anbraten. Die Zwiebeln in feine Ringe schneiden und zum Fleisch geben. Mit Jodsalz, Pfeffer, Oregano und Thymian würzen.

❸ Das Fleisch vor dem Servieren mit Paprikapulver bestreuen. Zusammen mit dem Tsatsiki servieren und mit roten Zwiebelringen garnieren.

► **Pro Portion**
1718 kJ/kcal • 36 g Eiweiß
23 g Fett • 7 g Kohlenhydrate
2 g Ballaststoffe • 125 mg Cholesterin

**TIPP**

**Servieren Sie zum Gyros einen kleinen gemischten Salat und lauwarmes Fladenbrot oder Baguette.**

# Grünkohl mit Kassler

Kaufen Sie das Kassler beim Metzger oder im Naturkostladen – meist ist es dort milder gepökelt und schmeckt feiner.

**Für 2 Portionen**

- **2 Kartoffeln**
- **Jodsalz, Kümmel**
- **200 g Grünkohl oder Wirsing**
- **1 kleine Zwiebel, 1 Möhre**
- **wenig Butterschmalz**
- **etwa 1/4 l Gemüsebrühe**
- **gemahlene Muskatnuss**
- **Pfeffer aus der Mühle**
- **180 g Kassler ohne Knochen**

**Zubereitungszeit 30 Minuten**

❶ Die Kartoffeln gründlich waschen und mit der Schale in Salzwasser mit wenig Kümmel bissfest garen. Abgießen und etwas abdampfen lassen. Die Kartoffeln pellen und in mundgerechte Stücke schneiden.

❷ Den Grünkohl oder Wirsing putzen und in kochendem Salzwasser blanchieren. Abgießen, gut abtropfen lassen und grob schneiden oder hacken.

❸ Die Zwiebeln abziehen und klein schneiden. Die Möhre schälen und ebenfalls in feine Würfel schneiden.

❹ Wenig Butterschmalz erhitzen, die Zwiebelwürfel dazugeben und leicht anbraten lassen. Die Möhrenwürfel dazugeben.

❺ Mit der Brühe aufgießen, aufkochen lassen und den vorbereiteten Grünkohl oder Wirsing unterheben. Mit Jodsalz, Muskat und frisch gemahlenem Pfeffer würzen und etwa 10 Minuten kochen lassen.

❻ Inzwischen das Kassler in daumendicke Würfel schneiden und mit den Kartoffeln zum Grünkohl geben.

❼ Den Grünkohl aufkochen, bei Bedarf noch etwas Brühe dazugießen und mit Jodsalz und Pfeffer abschmecken.

**► Pro Portion**

1459/349 kJ/kcal • 29 g Eiweiß
10 g Fett • 36 g Kohlenhydrate
11 g Ballaststoffe • 63 mg Cholesterin

**TIPP**

**Grünkohl und Wirsing gibt es tiefgekühlt das ganze Jahr über. Achten Sie beim Einkauf auf Produkte ohne Sahne!**

***Für alle, die es zwischendurch auch mal deftig lieben: Grünkohl mit Kassler (Seite 63).***

# Kalbsrückensteak auf Gemüsebett



Falls Sie keinen Apfelessig zur Hand haben oder das Gericht milder würzen möchten, verwenden Sie stattdessen säuerlichen Apfelsaft.

**Für 2 Portionen**

- **1 Knoblauchzehe**
- **2 Frühlingszwiebeln**
- **1 rote Paprikaschote**
- **50 g frische Sojabohnenkeimlinge**
- **100 g Ananas (Dose)**
- **2 Kalbsrückensteaks à 160 g**
- **Jodsalz, Pfeffer aus der Mühle**
- **1 TL gehackte Kräuter nach Wahl**
- **wenig Butterschmalz**
- **1/2 TL Keimöl**
- **2 EL passierte Tomaten**
- **2 EL Sojasauce**
- **etwas Apfelessig**
- **1 EL gehackte Petersilie**

**Zubereitungszeit 25 Minuten**

❶ Die Knoblauchzehe abziehen und fein hacken. Die Frühlingszwiebeln putzen, waschen und in dünne Scheiben schneiden. Die Paprikaschote waschen, Stiel und Kerne entfernen und in feine Streifen schneiden. Die Sojabohnenkeimlinge verlesen, waschen und gut abtropfen lassen. Die Ananas eventuell in kleine Würfel schneiden.

❷ Die Steaks mit Jodsalz, Pfeffer und Kräutern würzen. Eine beschichtete Pfanne mit Butterschmalz ausreiben, erhitzen und die Rückensteaks darin kurz bei mäßiger Hitze braten. Herausnehmen und warm stellen.

❸ Das Öl ins verbliebene Bratfett geben und den Knoblauch darin anbraten, Frühlingszwiebeln und Paprikaschoten kurz mitdünsten. Dann Keimlinge und Ananas dazugeben und ebenfalls mitdünsten.

❹ Das Gemüse mit Tomatenpüree, Sojasauce, Jodsalz, Pfeffer und Apfelessig süßsauer abschmecken. Die Steaks mit dem Gemüse anrichten und mit der gehackten Petersilie bestreuen.

**► Pro Portion**

1454/348 kJ/kcal • 37 g Eiweiß
12 g Fett • 15 g Kohlenhydrate
4 g Ballaststoffe • 121 mg Cholesterin

# Kalbsleber auf Äpfeln und Zwetschgen

**Für 2 Portionen**
100 g Zwetschgen
2 kleine Äpfel
1 Zwiebel
1/2 TL Butter
1 Prise Zucker
Jodsalz, Pfeffer aus der Mühle
1/8 l Bratensaft
wenig Butterschmalz
300 g Kalbsleber, in 1 cm dicken Scheiben
einige Salbeiblätter

**Zubereitungszeit 25 Minuten**

❶ Die Zwetschgen waschen, entsteinen und vierteln. Die Äpfel waschen, schälen, entkernen, achteln und dann in feine Scheiben schneiden. Die Zwiebel abziehen und klein schneiden. Salbeiblätter klein hacken.

❷ Butter in einer Pfanne erhitzen und die Zwiebeln darin glasig dünsten. Die Äpfel und Zwetschgen dazugeben, kurz mitdünsten und mit dem Bratensaft aufgießen. Aufkochen und mit Zucker, Jodsalz und Pfeffer abschmecken.

❸ Die Kalbsleber mit kaltem Wasser abwaschen und mit Küchenpapier trockentupfen. Mit Pfeffer und den gehackten Salbeiblättern würzen.

❹ Eine beschichtete Pfanne mit Butterschmalz ausreiben und die Leber darin auf beiden Seiten etwa 3 bis 4 Minuten braten. Mit Jodsalz würzen und mit der Sauce auf Tellern anrichten.

► **Pro Portion**
1739/416 kJ/kcal • 32 g Eiweiß
15 g Fett • 31 g Kohlenhydrate
5 g Ballaststoffe • 553 mg Cholesterin

Servieren Sie dazu Kartoffelpüree oder Reis – weißen oder naturbelassenen – und einen kräftigen grünen Salat wie Eichblatt- oder Römersalat.

# Kalbsrouladen mit Pilzfüllung

Frische Zuchtchampignons sollte man nicht waschen, denn sie nehmen dabei Flüssigkeit auf und werden wässrig. Besser ist es, sie mit einem Pinsel zu säubern oder die äußere Haut der Pilzhüte mit einem Küchenmesser abzuziehen.

*Eine besonders edle Rouladen-Variante sind diese zarten Kalbsrouladen mit der delikaten Pilzfüllung (Seite 67).*

**Für 2 Portionen**

**2 magere Kalbsschnitzel à 160 g**
**Jodsalz, Pfeffer aus der Mühle**
**80 g Champignons**
**1 EL gehackte Kräuter (Schnittlauch, Petersilie, Dill)**
**40 g Frischkäse**
**wenig Butterschmalz**
**1 Bund Suppengemüse**
**1 Tomate**
**1/2 l Gemüsebrühe**
**1 Lorbeerblatt**
**einige Pfefferkörner**
**1 EL Sahne**

**Zubereitungszeit 50 Minuten**

❶ Die Kalbsschnitzel leicht klopfen und mit Jodsalz und frisch gemahlenem Pfeffer würzen. Das Suppengemüse putzen, waschen bzw. schälen und klein schneiden. Die Tomate waschen, die Kerne entfernen und das Fruchtfleisch in kleine Würfel schneiden.

❷ Die Champignons putzen und fein hacken. Die Kräuter waschen, trockentupfen und klein schneiden. Pilze und Kräuter mit dem Frischkäse vermischen.

❸ Diese Füllung auf den Kalbsschnitzeln verteilen, aufrollen und zusammenbinden.

❹ Eine beschichtete Pfanne mit Butterschmalz ausreiben und die Rouladen darin anbraten. Das klein geschnittene Suppengemüse und die Tomate dazugeben und kurz mitbraten. Mit der gesamten Brühe auffüllen.

❺ Das Lorbeerblatt und die Pfefferkörner dazugeben, aufkochen lassen und etwa 25 Minuten auf kleiner Stufe schmoren.

❻ Die Rouladen herausnehmen und die Sauce durch ein Sieb streichen. Die Sauce mit etwas Sahne verfeinern und abschmecken. Die Bindfäden von den Rouladen entfernen und die Rouladen mit der Sauce servieren.
Dazu schmecken Teigwaren oder Kartoffeln.

► **Pro Portion**
1626/389 kJ/kcal • 40 g Eiweiß
17 g Fett • 11 g Kohlenhydrate
7 g Ballaststoffe • 137 mg Cholesterin

# Rindergeschnetzeltes mit Champignons

Zum Geschnetzelten passen immer Teigwaren oder selbst gemachte Spätzle (siehe S. 70). Wenn Sie Vollkornmehl verwenden, schmecken sie herzhafter.

**Für 2 Portionen**

**320 g Rinderhüfte**
**50 g Champignons**
**2 Kirschtomaten**
**1 kleiner Zucchino**
**1 Möhre**
**1 kleine Zwiebel**
**wenig Rapsöl**
**1/4 l entfettete Brühe**
**1 EL Sahne**
**Jodsalz, Pfeffer aus der Mühle**

**Zubereitungszeit 30 Minuten**

❶ Das Rindfleisch waschen, mit Küchenpapier trockentupfen und in Streifen schneiden.

❷ Die Champignons putzen und in Scheiben schneiden. Die Kirschtomaten waschen und vierteln. Den Zucchino waschen, putzen und in Scheiben schneiden. Die Möhre schälen und ebenfalls in feine Scheiben schneiden. Die Zwiebel abziehen und in Streifen schneiden.

❸ Eine beschichtete Pfanne mit Rapsöl ausreiben, erhitzen und das Fleisch darin rasch anbraten. Die Zwiebelstreifen dazugeben und mit anbraten.

❹ Zucchino- und Möhrenscheiben zufügen und mit Pfeffer würzen. Mit Brühe aufgießen und etwa 15 Minuten kochen lassen.

❺ Champignons und Kirschtomaten dazugeben, mit der Sahne verfeinern und aufkochen lassen. Mit Jodsalz und Pfeffer abschmecken und servieren.

**► Pro Portion**

1455/348 kJ/kcal • 40 g Eiweiß
13 g Fett • 10 g Kohlenhydrate
7 g Ballaststoffe • 101 mg Cholesterin

# Gourmetspiesse mit frischem Gemüse

**Für 2 Portionen**
**80 g Kalbsfilet, 80 g Rinderfilet**
**80 g Schweinefilet, 80 g Lammfilet**
**Jodsalz, Pfeffer aus der Mühle**
**wenig Rapsöl**
**100 g grüne Bohnen**
**1 rote Paprikaschote**
**1 Möhre, 1 Lauchzwiebel**
**1/2 TL Butter**
**1 EL Frischkäse**
**2 EL saure Sahne**
**1 TL Meerrettich**
**frisch gehackte Kräuter**
**bunter Pfeffer**
**2 kleine Tomaten**

**Zubereitungszeit 45 Minuten**

❶ Die Filets in Scheiben schneiden und abwechselnd auf 2 Spieße aufstecken. Die grünen Bohnen putzen, waschen und kurz blanchieren.

❷ Die Paprikaschote putzen und waschen. Die Möhre schälen. Die Lauchzwiebel putzen und waschen. Das Gemüse in mundgerechte Stücke schneiden und in heißer Butter andünsten, salzen und pfeffern.

❸ Die Spieße salzen und pfeffern und in einer mit Rapsöl ausgeriebenen, beschichteten Pfanne anbraten.

❹ Die Tomaten waschen, in Scheiben schneiden und auf den Filetspießen verteilen. Frischkäse, saure Sahne, Meerrettich und gehackte Kräuter verrühren, mit Jodsalz und buntem Pfeffer abschmecken und auf die Tomatenscheiben geben. Die Spieße im Backofen oder Grill etwa 5 Minuten überbacken. Die Spieße auf dem Gemüse servieren.

**► Pro Portion**
1572/376 kJ/kcal • 38 g Eiweiß
16 g Fett • 13 g Kohlenhydrate
7 g Ballaststoffe
118 mg Cholesterin



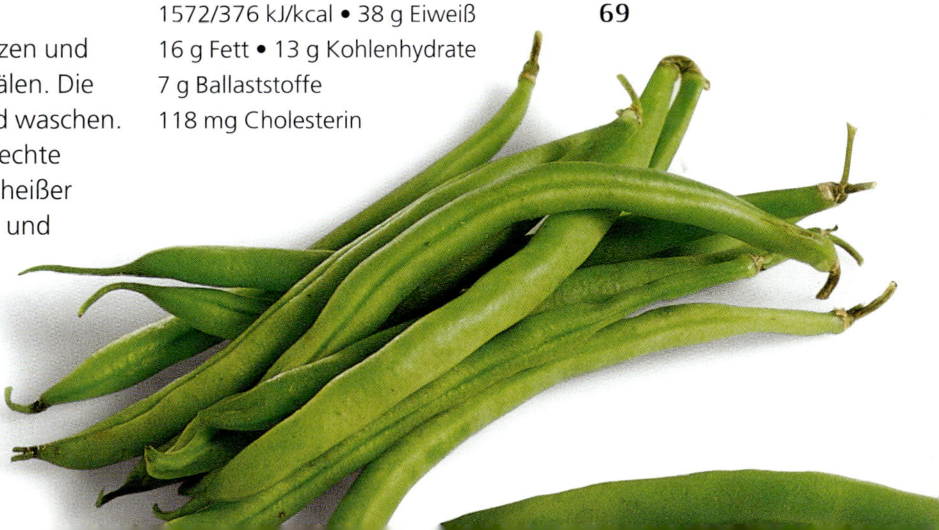

# Rinderfiletstreifen mit Spätzle

TIPP

Für eine pikantere Alternative können Sie auch Lammfleisch verwenden, das Sie zusätzlich mit ein bis zwei Knoblauchzehen würzen können.

*Zu diesem pikanten Gericht passt die klassische Beilage aus dem Schwabenländle besonders gut (Seite 71).*

**Für 2 Portionen**

**1 kleine Zwiebel**
**1 Frühlingszwiebel**
**Jodsalz, Pfeffer aus der Mühle**
**150 g gemischte Paprikaschoten**
**50 g Champignons**
**320 g Rinderfilet**
**wenig Rapsöl**
**2 cl Weinbrand**
**100 ml Tomatensaft**
**1 EL Sahne**
**einige grüne Pfefferkörner**

**Spätzle:**

**180 g Mehl**
**1 Ei**
**1/2 TL Jodsalz**
**etwa 200 ml Mineralwasser**

**Zubereitungszeit 45 Minuten**

❶ Die Zwiebel abziehen und in Scheiben schneiden. Die Frühlingszwiebel putzen, waschen und in Scheiben schneiden. Die Paprikaschoten entkernen, waschen und in schmale Streifen schneiden. Die Champignons putzen und in dünne Blättchen schneiden.

❷ Das Filet in Streifen schneiden. Eine beschichtete Pfanne mit Rapsöl ausreiben und das Fleisch rasch anbraten. Die Zwiebeln dazugeben und mit Salz und Pfeffer würzen.

❸ Die Paprikastreifen und die Champignonscheiben dazugeben und kurz mitdünsten. Mit dem Weinbrand ablöschen, den Tomatensaft und die Sahne untermischen und kurz erhitzen.

❹ Für die Spätzle das Mehl in eine Schüssel sieben, Ei, Salz und Mineralwasser dazugeben und zu einem Teig verarbeiten.

❺ Den Spätzleteig mit einem Spätzlehobel (oder einer Spätzlepresse) in kochendes Salzwasser geben und aufkochen lassen.

❻ Die Spätzle abtropfen lassen und unter das Filetgeschnetzelte heben. Abschmecken, einige grüne Pfefferkörner und die gehackten Kräuter dazugeben und servieren.

**► Pro Portion**

2939/703 kJ/kcal • 52 g Eiweiß
18 g Fett • 65 g Kohlenhydrate
13 g Ballaststoffe • 221 mg Cholesterin

# Gedämpfte Lammkoteletts mit Mangold

Frischen Mangold gibt es bei uns vorwiegend im Frühsommer, zwischen Mai und Juli zu kaufen. Der Blatt- und Schnittmangold mit seinen dünneren Blättern ist etwas beliebter als der Stielmangold; dieser hat jedoch den Vorteil, dass auch seine Stängel gut verwertbar sind: sie können wie Spargel zubereitet, also blanchiert und dann abgekühlt, als Salat gereicht werden.

**Für 2 Portionen**

**4 magere Lammkoteletts à 90 g**
**Jodsalz, Pfeffer aus der Mühle**
**350 g Mangold**
**1 Tomate**
**1 Bund Basilikum**
**1 Knoblauchzehe**
**1 Schalotte**
**1/2 TL Olivenöl**
**1/8 l Gemüsebrühe**
**etwa 1/8 l Mineralwasser**

**Zubereitungszeit 30 Minuten**

❶ Die Lammkoteletts leicht salzen und pfeffern.

❷ Den Mangold putzen, waschen und in feine Streifen schneiden. Die Tomate mit kochendem Wasser überbrühen, häuten, vierteln, entkernen und das Fruchtfleisch würfeln.

❸ Die Basilikumblätter von den Stielen zupfen, waschen, trockenschütteln und fein schneiden. Den Knoblauch und die Schalotte abziehen und fein hacken.

❹ Die Tomatenwürfel, den Knoblauch, das Basilikum und die fein gewürfelte Schalotte im Olivenöl kurz andünsten, dann die Masse auf die Koteletts streichen.

❺ Die Gemüsebrühe und etwa die gleiche Menge Mineralwasser in einen Dämpftopf geben und heiß werden lassen. Den Mangold in das Dämpfsieb legen und kurz dämpfen. Die Lammkoteletts darauflegen und alles zusammen etwa 10 Minuten dämpfen.

**► Pro Portion**
1551/371 kJ/kcal
41 g Eiweiß • 14 g Fett
10 g Kohlenhydrate
4 g Ballaststoffe
126 mg Cholesterin

# Lammcurry mit Kardamom und Zitronenmelisse

**Für 2 Portionen**

- **300 g Lammfleisch (Schulter)**
- **1 Zwiebel**
- **1 Möhre**
- **1/2 Sellerieknolle**
- **100 g Ananas**
- **2 Nelken**
- **einige Kardamomkörner**
- **einige Korianderkörner**
- **1/2 TL Keimöl**
- **4 EL Weißwein**
- **3/8 l Gemüsebrühe**
- **2 EL Joghurt**
- **1 TL Currypulver**
- **1 Messerspitze Ingwerpulver**
- **Jodsalz, Pfeffer aus der Mühle**
- **2 EL gehackte Zitronenmelisse**

**Zubereitungszeit 60 Minuten**

❶ Das Lammfleisch mundgerecht zerkleinern. Die Zwiebel abziehen, Möhre, Sellerie und Ananas schälen und in kleine Würfel schneiden.

❷ Nelken, Kardamom- und Korianderkörner in einem Mörser zerstoßen. Das Öl erhitzen und die Gewürze darin kurz anrösten. Das Fleisch dazugeben und von allen Seiten anbraten.

❸ Mit Wein und Gemüsebrühe ablöschen und bei mittlerer Hitze etwa 50 Minuten kochen lassen.

❹ Das Gemüse und die Ananas zum Fleisch geben und weitere 10 Minuten garen. Joghurt, Curry- und Ingwerpulver, Salz und Pfeffer verrühren und dazugeben. Mit Zitronenmelisse bestreut servieren.

► **Pro Portion**

1555/372 kJ/kcal • 34 g Eiweiß
14 g Fett • 16 g Kohlenhydrate
6 g Ballaststoffe
108 mg Cholesterin

Kardamom ist meist nur als typisches Lebkuchen- und Spekulatiusgewürz bekannt. Es wird aber auch bei der Wurstherstellung verwendet und ist ein wichtiger Bestandteil der Curry-Gewürzmischung.

# Kohlrabi mit Rinderhackfüllung

Wählen Sie beim Metzger ein mageres Stück Rindfleisch und lassen Sie es sich durch den Fleischwolf drehen. Dann können Sie auch sicher sein, fettarmes Hackfleisch zu haben.

**Für 2 Portionen**

**4 junge Kohlrabi**
**240 g mageres Rinderhackfleisch**
**1 Ei, 1 Zwiebel**
**80 g Champignons**
**1 hart gekochtes Ei**
**1/2 TL Paprikapulver**
**2 EL frisch gehackte Kräuter**
**Jodsalz**
**Pfeffer aus der Mühle**
**1 TL Schmand (24%)**
**1/8 l Gemüsebrühe**
**2 EL Joghurt (0,3%)**
**4 EL saure Sahne (10%)**
**1 Knoblauchzehe**

**Zubereitungszeit 45 Minuten**

❶ Backofen auf 180 °C (Umluft 160 °C, Gas Stufe 2–3) vorheizen. Kohlrabiknollen schälen, mit einem Löffel aushöhlen und kurz in kochendem Wasser blanchieren.

❷ Das Rinderhackfleisch mit dem Ei, der abgezogenen und klein geschnittenen Zwiebel, den geputzten und klein geschnittenen Champignons sowie dem gepellten und gehackten Ei zu einer geschmeidigen Masse vermischen.

❸ Die Hackfleischmasse mit Paprikapulver, 1 Esslöffel frisch gehackten Kräutern, Jodsalz und frisch gemahlenem Pfeffer gut würzen und mit dem Schmand verfeinern.

❹ Die geschmeidige Hackfleischmasse in die ausgehöhlten Kohlrabiknollen füllen und in eine Auflaufform setzen. Die Gemüsebrühe angießen und im vorgeheizten Backofen etwa 20 Minuten garen.

❺ Für die Sauce Joghurt, saure Sahne, restliche Kräuter und die abgezogene und gehackte Knoblauchzehe vermischen und mit Jodsalz und (je nach Belieben) mit viel Pfeffer pikant abschmecken.

❻ Die gefüllten Kohlrabi auf Tellern anrichten und mit der Sauce überziehen.
Dazu schmecken Reis oder Salzkartoffeln.

► **Pro Portion**
1890/452 kJ/kcal • 44 g Eiweiß
18 g Fett • 20 g Kohlenhydrate
8 g Ballaststoffe • 326 mg Cholesterin

***Kohlrabi auf leichte Art mit köstlicher Rinderhackfüllung und feiner Joghurt-Kräuter-Sauce (Seite 75).***

life

# Ausgelöste Lammkeule im Tontopf geschmort

Der Tontopf sollte vor der Verwendung in kaltem Wasser gewässert werden. Das Wasser gibt der Topf im Backofen wieder in Form von Dampf ab, was die Speisen besonders saftig hält.

**Für 2 Portionen**

- **1 Zwiebel**
- **1 Knoblauchzehe**
- **80 g Bohnen**
- **80 g Champignons**
- **1/2 Zucchino**
- **2 Frühlingszwiebeln**
- **1 kleine Möhre**
- **320 g Lammfleisch aus der Keule**
- **Jodsalz, Pfeffer aus der Mühle**
- **wenig Butterschmalz**
- **1 Tasse Tomatenpüree**
- **1/4 l Bratensaft**
- **frische Kräuter (Thymian, Basilikum, Minze, Salbei)**

**Zubereitungszeit 25 Minuten (ohne Garzeit)**

❶ Die Zwiebel und die Knoblauchzehe abziehen und fein hacken.

❷ Die Bohnen und die Champignons putzen. Den Zucchino und die Frühlingszwiebel putzen und waschen, die Möhre schälen. Das Gemüse in mundgerechte Würfel schneiden.

❸ Das Lammfleisch mit Jodsalz und Pfeffer würzen. In etwas Butterschmalz von allen Seiten kräftig anbraten. Herausnehmen, die kleingeschnittenen Zwiebeln und die durchgepresste Knoblauchzehe in die Pfanne geben und anschwitzen.

❹ Das Gemüse in den mit kaltem Wasser gut gewässerten Tontopf geben und mit den pürierten Tomaten und dem Bratensaft aufgießen.

❺ Das angebratene Lammfleisch darauf legen und mit den grob gezupften, frischen Kräutern bestreuen. Den Tontopf in den kalten Backofen stellen und das Lammfleisch bei 220 °C (Umluft 200 °C, Gas Stufe 4–5) etwa 1 1/2 Stunden garen.

❻ Das Lammfleisch aus dem Tontopf nehmen und aufschneiden. Das Gemüse und die Sauce abschmecken und dazu anrichten.

► **Pro Portion**

1605/384 kJ/kcal • 39 g Eiweiß
15 g Fett • 16 g Kohlenhydrate
9 g Ballaststoffe • 119 mg Cholesterin

# Gefüllter Lammbraten mit Kräuterkruste

**Für 2 Portionen**

- 50 g Champignons
- 80 g Kalbsbrät
- 3 EL frische Kräuter (Petersilie, Rosmarin)
- rosa Pfeffer
- 3 Knoblauchzehen
- Jodsalz, Pfeffer aus der Mühle
- 320 g Lammfleisch aus der Keule
- 80 g Semmelbrösel
- 1 TL Olivenöl
- 1 kleines Schweinenetz
- 1/4 l Gemüsebrühe

**Zubereitungszeit 70 Minuten**

❶ Backofen auf 180 °C (Umluft 160 °C, Gas Stufe 2–3) vorheizen. Die Champignons putzen, fein hacken und mit dem Kalbsbrät vermischen. Mit 1 Esslöffel gehackten Kräutern, rosa Pfeffer, 1 abgezogenen und gehackten Knoblauchzehe, Jodsalz und Pfeffer kräftig würzen und zu einem Teig verarbeiten.

❷ Das Lammfleisch zu einer großen Scheibe aufschneiden, klopfen und mit Salz und Pfeffer beidseitig würzen, die Füllung darauf verteilen und aufrollen.

❸ Die Semmelbrösel mit den restlichen Kräutern, dem restlichen durchgepressten Knoblauch und dem Olivenöl zu einer geschmeidigen Masse verarbeiten und auf den Braten streichen.

❹ Den Braten mit dem Schweinenetz umwickeln, in einen Bräter setzen, mit Gemüsebrühe aufgießen und im vorgeheizten Backofen etwa 50 Minuten garen. Hin und wieder wenden.

❺ Den Lammbraten aufschneiden und mit Kartoffeln in der Folie und einem Joghurtdip servieren.

**► Pro Portion**

2015/482 kJ/kcal • 46 g Eiweiß
16 g Fett • 30 g Kohlenhydrate
2 g Ballaststoffe
140 mg Cholesterin

Schweinenetze sind beim Metzger nicht immer vorrätig. Gehen Sie auf Nummer sicher und bestellen Sie sich eines vor.

# SAFTIG UND FETTARM – GEFLÜGEL

# Hähnchenkeule auf Fenchel-Paprikagemüse

**Für 2 Portionen**

- 2 Hähnchenkeulen à 180 g
- Jodsalz, Pfeffer aus der Mühle
- 1 TL frische Kräuter
- 1 EL Olivenöl, 1 Zwiebel
- 1 kleine Fenchelknolle
- 1 Staudensellerie
- 1 grüne Paprikaschote
- 2 Knoblauchzehen, 4 EL Weißwein
- 1 Lorbeerblatt, 1 Zweig Rosmarin
- 1 Prise Cayennepfeffer
- 2 EL fein gehackte Zitronenmelisse
- 2 EL fein gehackte Pfefferminze

**Zubereitungszeit 40 Minuten**

❶ Den Backofen auf 190 °C (Umluft 170 °C, Gas Stufe 3) vorheizen. Die Hähnchenkeulen waschen, trockentupfen und mit Jodsalz und Pfeffer sowie den Kräuter würzen.

❷ 1 Teelöffel Olivenöl in einem Bräter erhitzen und die Hähnchenkeulen darin rundherum anbraten. Anschließend im Backofen 15 bis 20 Minuten braten.

❸ Die Zwiebel abziehen, die Fenchelknolle, den Staudensellerie und die Paprikaschote putzen und waschen. Das Gemüse in mundgerechte Stücke schneiden.

❹ Das restliche Olivenöl in einer Pfanne erhitzen, das Gemüse dazugeben und unter ständigem Rühren anbraten. Die abgezogenen und durchgepressten Knoblauchzehen dazugeben und mit dem Weißwein aufgießen.

❺ Das Lorbeerblatt und den Rosmarinzweig dazugeben, mit Jodsalz, Pfeffer und Cayennepfeffer abschmecken und etwa 4 Minuten dünsten.

❻ Die Hähnchenkeulen zusammen mit dem Gemüse anrichten und mit den frisch gehackten Kräutern bestreut servieren.
Dazu passt Reis oder frisches Baguette.

**► Pro Portion**
1354/324 kJ/kcal • 42 g Eiweiß
8 g Fett • 14 g Kohlenhydrate
7 g Ballaststoffe • 144 mg Cholesterin

Eine ideale Zubereitungsart für Geflügel ist das Grillen oder Braten, weil dadurch keine Auslaugung der Nährstoffe, B-Vitamine, Eisen, Kalium und Phosphor in Wasser erfolgt.

# Hähnchengeschnetzeltes mit Blumenkohl

**TIPP**

**Die Brokkolistiele können Sie für dieses Gericht auch mitverwenden. Größere Exemplare sollten Sie aber vorher abziehen, da die äußeren Teile des Stieles sehr hart sein können. Den geschälten Stiel in Würfel oder Scheiben schneiden.**

**Für 2 Portionen**

- **1 kleine Zwiebel**
- **je 100 g Brokkoli und Blumenkohl**
- **320 g Hähnchenbrustfilet**
- **Jodsalz, Pfeffer aus der Mühle**
- **1 EL Weizenmehl**
- **1 EL Keimöl**
- **1/8 l Gemüsebrühe**
- **Zitronensaft, Worcestersauce**
- **1 EL Schmand**
- **30 g Edelpilzkäse**
- **2 EL fein gehackte Petersilie**

**Zubereitungszeit 25 Minuten**

❶ Die Zwiebel abziehen und klein schneiden. Den Blumenkohl und den Brokkoli putzen, waschen und in Röschen teilen.

❷ Die Hähnchenbrustfilets in feine Streifen schneiden, mit Jodsalz und Pfeffer kräftig würzen und mit dem Mehl bestäuben.

❸ Das Fleisch in heißem Öl anbraten, aus der Pfanne nehmen und warm stellen. Das Gemüse in das Bratfett geben und unter Rühren anbraten.

❹ Mit der Gemüsebrühe aufgießen und zum Kochen bringen. Das Fleisch dazugeben und alles erhitzen, aber nicht mehr kochen lassen. Mit Zitronensaft, Worcestersauce und Schmand verfeinern.

❺ Den Edelpilzkäse darunterrühren und schmelzen lassen. Das Geschnetzelte mit gehackter Petersilie bestreut servieren.

**► Pro Portion**

1505/360 kJ/kcal • 43 g Eiweiß
13 g Fett • 11 g Kohlenhydrate
5 g Ballaststoffe • 101 mg Cholesterin

# Gemüsepfanne mit Geflügelfleisch

**Für 2 Portionen**
- 50 g Austernpilze
- 1 kleiner Zucchino
- 100 g gemischte Paprikaschoten
- 1 Möhre
- 1/2 Chinakohl
- 50 g Zuckerschoten
- 1 Knoblauchzehe
- 320 g Hähnchenbrustfilet
- 1 TL Olivenöl, 4 EL Weißwein
- grüner Pfeffer, rosa Pfeffer
- Jodsalz, Pfeffer aus der Mühle

Zubereitungszeit 30 Minuten

❶ Gemüse und Pilze je nach Art waschen, putzen bzw. schälen und in mundgerechte Stücke schneiden.

❷ Die Hähnchenbrustfilets mit kaltem Wasser abbrausen, mit Küchenpapier trockentupfen und in feine Streifen schneiden. Mit Jodsalz und Pfeffer würzen.

❸ Das Olivenöl im Wok erhitzen und die Filetstreifen darin scharf anbraten. Das Fleisch gut im Wok verteilen, damit es nicht zu viel Wasser zieht.

❹ Das Gemüse nach und nach in den Wok geben und mitbraten.

❺ Zum Schluss mit Weißwein aromatisieren und mit grünem und rosa Pfeffer sowie Jodsalz abschmecken. Mit Basmatireis servieren.

► **Pro Portion**
1191/285 kJ/kcal • 41 g Eiweiß
5 g Fett • 11 g Kohlenhydrate
5 g Ballaststoffe • 96 mg Cholesterin

Schneller und vitaminschonender als im Wok kann man gar nicht garen. Das Fleisch bleibt saftig, das Gemüse knackig und behält die Farbe.

# Putenbrust im Spinatmantel

Falls Sie nur kleinblättrigen Spinat bekommen, können Sie sich auch mit den großen Mangoldblättern behelfen. Vor- und Zubereitung bleiben gleich.

**Für 2 Portionen**

**50 g Weißbrot oder Toast**
**1 Ei**
**80 g Magerquark**
**50 g Champignons**
**1/2 TL Butter**
**100 g frischer Blattspinat**
**320 g Putenbrust**
**Geflügelgewürzmischung**
**Jodsalz**
**weißer Pfeffer**
**1 kleines Schweinenetz (beim Metzger vorbestellen)**
**1 TL Butterschmalz**
**1/8 l Fleischbrühe**

**Zubereitungszeit 55 Minuten**

❶ Den Backofen auf 160 °C (Umluft 140 °C, Gas Stufe 1–2) vorheizen. Das Weißbrot zerkleinern und mit Ei und Quark vermischen.

❷ Die Champignons putzen, in Scheiben schneiden und in wenig Butter andünsten. Abkühlen lassen und mit den Gewürzen zu der Brot-Quark-Masse geben.

❸ In der Zwischenzeit den Spinat verlesen, waschen, putzen und kurz in kochendem Wasser blanchieren. Kalt abschrecken.

❹ Die Putenbrust von allen Seiten mit Geflügelgewürz, Jodsalz und weißem Pfeffer würzen. Die Spinatblätter nebeneinander auf das gut gewässerte und trockengetupfte Schweinenetz legen.

❺ Einen Teil der Füllung auf den Spinatblättern verteilen und die Putenbrust darauflegen. Den Rest der Füllung darauf streichen, mit Spinatblättern belegen und ganz mit dem Schweinenetz umhüllen.

❻ Die Putenbrust in Butterschmalz in einem Bräter anbraten, mit wenig Fleischbrühe aufgießen und im Backofen etwa 30 bis 40 Minuten braten.

❼ Die Putenbrust aufschneiden und mit Salzkartoffeln oder Weißbrot und Salat servieren.

► **Pro Portion**
1877/449 kJ/kcal • 47 g Eiweiß
18 g Fett • 16 g Kohlenhydrate
2 g Ballaststoffe • 264 mg Cholesterin

***Etwas aufwändig in der Zubereitung, aber ein echtes Schlemmerstück ist die Putenbrust im Spinatmantel*** ***(Seite 83).***

# Putengeschnetzeltes

**TIPP**

Suppen, Saucen und Fleischgerichte wie das Geschnetzelte kann man auch ohne Sahne mit Gemüsepüree (zum Beispiel aus Möhren, Sellerie und Zwiebeln) oder mit Kartoffelbreiflocken aus der Packung gut binden.

**Für 2 Portionen**

**320 g Putenschnitzel**
**1 kleine Zwiebel**
**je 1 rote und gelbe Paprikaschote**
**100 g Pilze nach Belieben**
**wenig Rapsöl**
**Jodsalz, Pfeffer aus der Mühle**
**1/4 l entfettete Fleischbrühe**
**frische Kräuter (Schnittlauch, Rosmarin, Basilikum, Kerbel)**
**1 TL Speisestärke**
**1 EL Sahne**
**Paprikapulver**

**Zubereitungszeit 30 Minuten**

1. Die Putenschnitzel unter kaltem Wasser abbrausen, trockentupfen und in Streifen schneiden. Die Zwiebel abziehen und in feine Würfel schneiden. Die Paprikaschoten und die Pilze putzen und fein würfeln.

2. Eine beschichtete Pfanne mit Rapsöl ausreiben, erhitzen und die Zwiebelwürfel darin anbraten. Die Putenbruststreifen dazugeben, salzen und pfeffern. Das Fleisch unter Rühren anbraten, die Paprikawürfel und die Pilze dazugeben und mit der Brühe aufgießen.

3. Die Kräuter waschen, trockenschütteln, fein hacken und unter das Geschnetzelte rühren.

4. Die Stärke in wenig kaltem Wasser glatt rühren und das Geschnetzelte damit binden. Mit der Sahne verfeinern und mit Paprikapulver, Jodsalz und Pfeffer abschmecken.

**► Pro Portion**

1396/334 kJ/kcal • 37 g Eiweiß
12 g Fett • 13 g Kohlenhydrate
5 g Ballaststoffe
138 mg Cholesterin

# Puten-Gemüse-Gulasch

**Für 2 Portionen**
**400 g Putenbrust**
**Jodsalz**
**Pfeffer aus der Mühle**
**1/2 TL Butterschmalz**
**1/8 l Rotwein**
**1/4 l Bratensaft**
**2 Kartoffeln**
**300 g Frühlingsgemüse (Kohlrabi, Möhren, Frühlingszwiebeln, Porree, Weißkohl, Brokkoli)**
**frische Kräuter (Oregano, Petersilie, Salbei, Schnittlauch)**

**Zubereitungszeit 45 Minuten**

❶ Die Putenbrust in mundgerechte Würfel schneiden. Mit wenig Jodsalz und Pfeffer würzen. Das Frühlingsgemüse waschen, putzen bzw. schälen und in mundgerechte Würfel schneiden. Die Kartoffeln schälen und würfeln.

❷ In einem Topf das Butterschmalz erhitzen und die Putenwürfel darin von allen Seiten anbraten.

❸ Zum Fleisch den Rotwein und den Bratensaft gießen und die Gemüse- und Kartoffelwürfel dazugeben. Bei mäßiger Hitze und geschlossenem Deckel etwa 15 Minuten garen.

❹ Die Kräuter waschen, trockenschütteln und fein hacken. Das Putengulasch nochmals abschmecken und mit den frisch gehackten Kräutern verfeinern.

► **Pro Portion**
2266/542 kJ/kcal • 55 g Eiweiß
10 g Fett • 38 g Kohlenhydrate
8 g Ballaststoffe • 128 mg Cholesterin

Das Putengulasch bietet den Vorteil, dass es nicht so lange geschmort werden muss wie ein Gulasch aus Rindfleisch. Und noch ein Plus: Putenfleisch wird praktisch nie zäh.

# Fangfrisch und gesund – Fisch & Co.

# Rotbarschfilet mit Tomaten und Basilikum

**Für 2 Portionen**
**400 g Rotbarschfilet, Jodsalz**
**weißer Pfeffer aus der Mühle**
**Saft von 1/2 Zitrone**
**2 Fleischtomaten**
**1 große Stange Porree**
**1 Bund Basilikum, 2 EL Keimöl**

**Zubereitungszeit 30 Minuten**

❶ Das Rotbarschfilet unter fließendem Wasser waschen, mit Küchenpapier trockentupfen. Das Fischfilet salzen, pfeffern und mit dem Zitronensaft beträufeln.

❷ Die Tomaten waschen und den Stielansatz herausschneiden. Die Tomaten mit kochendem Wasser überbrühen, häuten, in Scheiben schneiden, salzen und pfeffern.

❸ Den Porree putzen, der Länge nach einschneiden und unter fließendem Wasser kurz waschen. Dann die Stangenhälften in feine Streifen schneiden. Das Basilikum waschen, die Blättchen von den Stielen zupfen und trockentupfen. Acht Blätter für die Garnitur beiseite legen. Den Rest fein hacken.

❹ Die Hälfte der Tomatenscheiben in einen Dämpfeinsatz legen. Die Hälfte des Keimöls darüber träufeln, die Hälfte der Porreestreifen und des fein gehackten Basilikums darauf legen. Nun das Rotbarschfilet auf das Gemüse legen. Den restlichen Porree, das Basilikum und die Tomaten darauf schichten.

❺ Das restliche Keimöl darüber träufeln und alles etwa 8 Minuten über kochendem Wasser dämpfen. Anschließend von der Kochstelle nehmen und noch 5 Minuten ziehen lassen.

❻ Das Fischfilet und das Gemüse auf Tellern anrichten und mit den Basilikumblättern garnieren. Dazu schmeckt Reis oder Petersilienkartoffeln.

► **Pro Portion**
1599/383 kJ/kcal • 47 g Eiweiß
15 g Fett • 8 g Kohlenhydrate
7 g Ballaststoffe • 166 mg Cholesterin

Fischfilet wird relativ schnell trocken. Wenn man es aber so schonend dämpft wie in diesem Rezept und dazu noch mit saftigen Zutaten zubereitet, kann das nicht passieren.

# Paprikagemüse mit Lachs

Mit dem Paprikagemüse können Sie auch einen anderen Fisch mitgaren. Ein schöner Kontrast sind weißfleischige Fische wie Seelachs, Kabeljau oder Rotbarsch.

**Für 2 Portionen**

**1 rote Paprikaschote**
**1 grüne Paprikaschote**
**1 große Zwiebel**
**1 Knoblauchzehe**
**350 g Lachsfilet**
**Jodsalz, Pfeffer aus der Mühle**
**1 Bund Basilikum**
**1/4 l Gemüsebrühe**
**1 TL Stärkemehl**

**Zubereitungszeit 25 Minuten**

❶ Die Paprikaschoten putzen, entkernen, waschen und den Stielansatz entfernen. Die Hälften in 1 Zentimeter breite Streifen schneiden. Die Zwiebel und die Knoblauchzehe abziehen und in feine Scheiben schneiden.

❷ Den Lachs waschen, mit Küchenpapier trockentupfen, in daumendicke Würfel schneiden und leicht salzen und pfeffern. Basilikum waschen, die Blätter abzupfen und in feine Streifen schneiden.

❸ Paprikaschoten, Zwiebel und Knoblauch in einen Dämpfeinsatz legen. Die Lachswürfel darauf verteilen und über kochender Gemüsebrühe etwa 6 bis 8 Minuten dämpfen.

❹ Die Dämpfflüssigkeit mit etwas Speisestärke binden und die Basilikumstreifen dazugeben. Mit Jodsalz und Pfeffer abschmecken und über den angerichteten Fisch und das Gemüse gießen.

**► Pro Portion**

1371/328 kJ/kcal • 39 g Eiweiß
8 g Fett • 18 g Kohlenhydrate
7 g Ballaststoffe • 61 mg Cholesterin

# Pikantes Karpfen-gulasch

**Für 2 Portionen**
**1/2 Stange Porree**
**2 Kartoffeln, 1 Möhre**
**1/2 Zwiebel, 1 TL Butter**
**1 Knoblauchzehe**
**Kümmel, Paprikapulver, Majoran, Gulaschgewürz**
**abgeriebene Schale von 1 Zitrone**
**1 EL Tomatenmark**
**1/2 l Gemüsebrühe**
**400 g Karpfenfilet**
**Jodsalz, Pfeffer aus der Mühle**
**frischer Schnittlauch und Dill**

**Zubereitungszeit 45 Minuten**

❶ Den Porree putzen, waschen und in Scheiben schneiden. Die Kartoffeln und die Möhre schälen, in Würfel schneiden und beides in Salzwasser etwa 10 Minuten kochen. Abgießen und zur Seite stellen.

❷ Zwiebel abziehen, fein würfeln und mit dem Porree in Butter glasig dünsten. Die durchgepresste Knoblauchzehe, Kümmel, geriebene Zitronenschale, Tomatenmark, Gulaschgewürz, Paprika und Majoran zugeben und mit Gemüsebrühe aufgießen.

❸ Salzen, pfeffern, Kartoffel- und Möhrenwürfel zufügen und einmal aufkochen. Das in Würfel geschnittene Karpfenfilet dazugeben und etwa 8 bis 10 Minuten auf kleiner Stufe fertig garen.

❹ Das Gulasch mit Salz und Pfeffer abschmecken und mit frischem Schnittlauch und Dill bestreut servieren.

► **Pro Portion**
1785/427 kJ/kcal • 48 g Eiweiß
10 g Fett • 29 g Kohlenhydrate
8 g Ballaststoffe • 173 mg Cholesterin

# Hechtklösschen mit Spinatfüllung

Wenn Sie frischen Meerrettich verwenden, sollten Sie ihn etwas sparsamer dosieren, denn er hat wesentlich mehr Schärfe als der im Glas oder in der Tube konservierte.

**Für 2 Portionen**
**100 g Blattspinat**
**Jodsalz, Pfeffer aus der Mühle**
**240 g Seehechtfilet**
**2 EL Sahne**
**1 Eiweiß**
**weißer Pfeffer**
**gemahlene Muskatnuss**
**2 Wacholderbeeren**
**1 Lorbeerblatt**
**einige Stängel Petersilie**
**1 TL Butter**
**1 EL Mehl**
**1/8 l fettarme Milch**
**1/8 l Gemüsebrühe oder Fischfond**
**1 EL geriebener Meerrettich (frisch oder Glas)**

**Zubereitungszeit 50 Minuten**

❶ Den Blattspinat verlesen, waschen und in Salzwasser blanchieren; abgießen und kalt abschrecken. Die Spinatblätter etwas ausdrücken und grob hacken.

❷ Das gut gekühlte Seehechtfilet klein schneiden und mit der Sahne und dem Eiweiß im Mixer pürieren. Die Fischmasse mit Jodsalz, weißem Pfeffer und Muskat würzen.

❸ Aus der Fischmasse Klößchen formen und mit dem gehackten Blattspinat füllen.

❹ Salzwasser mit Wacholderbeeren, Lorbeerblatt und Petersilienstängeln zum Kochen bringen und die Fischklößchen darin etwa 15 Minuten bei mittlerer Hitze pochieren.

❺ Für die Meerrettichsauce die Butter erhitzen, das Mehl dazugeben, gut durchrühren und mit kalter Milch und der Gemüsebrühe aufgießen. Zum Kochen bringen, den geriebenen Meerrettich zufügen und weitere 5 Minuten kochen lassen. Mit Salz und Pfeffer abschmecken.

❻ Die Hechtklößchen mit der Sauce auf vorgewärmten Tellern anrichten.
Dazu passen Teigwaren oder Dampfkartoffeln.

► **Pro Portion**
1300/310 kJ/kcal • 23 g Eiweiß
15 g Fett • 12 g Kohlenhydrate
2 g Ballaststoffe • 80 mg Cholesterin

***Zergeht auf der Zunge: Hechtklößchen mit Spinatfüllung** **(Seite 91).***

# Badische Forellenfilets mit Wintergemüse

Die würzige Flüssigkeit, die beim Dämpfen entsteht, ist die ideale Grundlage für eine Sauce, die den gedämpften Fisch immer begleiten sollte.

**Für 2 Portionen**

**300 g Wintergemüse (Möhren, Porree, Sellerie, Petersilienwurzel, Zwiebeln)**
**1 TL Butter**
**1/8 l Riesling**
**1/8 l Gemüsebrühe**
**400 g Forellenfilet**
**2 EL Sahne**
**1 EL Zitronensaft**
**Jodsalz**
**Pfeffer aus der Mühle**
**100 g geriebenes Weißbrot**
**etwas gehackte Petersilie**

**Zubereitungszeit 45 Minuten**

❶ Backofen auf 180 °C (Umluft 160 °C, Gas Stufe 2–3) vorheizen. Gemüse waschen, putzen bzw. schälen und in feine Scheiben oder Streifen schneiden. Das Gemüse in 1 Teelöffel Butter andünsten und mit Gemüsebrühe und dem Weißwein aufgießen.

❷ Die Sahne unter das angedünstete Gemüse mischen und mit der Flüssigkeit in eine feuerfeste Form geben. Die mit Zitronensaft gesäuerten und mit Jodsalz und frisch gemahlenem Pfeffer gewürzten Forellenfilets darauf legen.

❸ Weißbrotbrösel und restliche Butter in kleinen Flöckchen auf den Fisch und das Gemüse geben und im vorgeheizten Backofen 15 bis 20 Minuten garen.

❹ Die Forellenfilets mit dem Gemüse anrichten und mit Dillkartoffeln servieren.

**► Pro Portion**
2592/620 kJ/kcal
59 g Eiweiß
11 g Fett
51 g Kohlenhydrate
16 g Ballaststoffe
147 mg Cholesterin

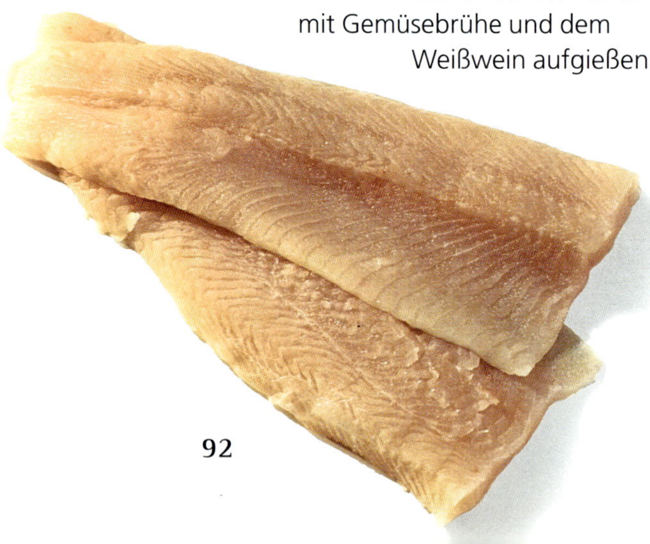

# Zart gebratene Maischolle mit Rucola

**Für 2 Portionen**
**1 EL Pinienkerne**
**1 Knoblauchzehe**
**1 Bund Rucola**
**1 EL Olivenöl**
**1 EL geriebener Parmesankäse**
**Jodsalz**
**weißer Pfeffer aus der Mühle**
**1 Zitrone**
**2 küchenfertige Maischollen (à 240 g )**
**1 EL Mehl**
**1 TL Butterschmalz**

**Zubereitungszeit 30 Minuten**

❶ Die Pinienkerne in einer Pfanne ohne Fettzugabe kurz rösten.

❷ Die Knoblauchzehe abziehen. Den Rucola waschen und trockenschleudern. Beides mit den Pinienkernen und 1 Esslöffel Öl im Mixer pürieren. Den geriebenen Parmesan unterrühren und mit Jodsalz und frisch gemahlenem Pfeffer würzen.

❸ Die Zitrone halbieren, eine Hälfte auspressen, die andere zur Seite legen. Die Schollen unter fließendem Wasser abspülen, trockentupfen und mit dem Zitronensaft beträufeln. Salzen, pfeffern und im Mehl wenden.

❹ Das Butterschmalz erhitzen und die Schollen darin von jeder Seite etwa 5 Minuten braten. Die Schollen auf den Tellern anrichten und mit der Rucolapaste bestreichen. Die zweite Zitronenhälfte in Scheiben schneiden und dazu reichen. Dazu passen Salzkartoffeln.

► **Pro Portion**
1768/423 kJ/kcal • 57 g Eiweiß
15 g Fett • 6 g Kohlenhydrate
1 g Ballaststoffe • 164 mg Cholesterin

Die Scholle ist der populärste Plattfisch. Die Handhabung von grätenfreien, tiefgefrorenen Filets ist besonders einfach.

# Gefüllter Zander

Der Zander ist ein Süßwasserfisch, der zur Familie der Barsche gehört. Sein Fleisch ist weiß, zart, von sehr gutem Geschmack und erinnert ein wenig an Hechtfleisch.

**Für 2 Portionen**

**1 küchenfertiger Zander (ca. 700 g)**
**Jodsalz, weißer Pfeffer**
**Saft von 1/2 Zitrone**
**200 g frischer Blattspinat**
**1 Knoblauchzehe, 1/2 Zwiebel**
**1 Kartoffel**
**2 TL Butter**
**1/8 l fettarme Milch**
**1 Prise Muskatpulver**
**2 Lorbeerblätter**
**1 Dillzweig**

**Zubereitungszeit 55 Minuten**

❶ Die Rücken- und die Schwanzflosse des Zanders mit einer Küchenschere abschneiden. Den Fisch waschen, mit Küchenpapier trockentupfen, innen und außen salzen und pfeffern sowie mit Zitronensaft beträufeln.

❷ Den Spinat verlesen, waschen und putzen. In kochendem Salzwasser blanchieren, abgießen und gut ausdrücken. Den Spinat grob hacken.

❸ Die Knoblauchzehe und die Zwiebel abziehen und fein hacken. Die Kartoffel waschen, schälen und auf einer Kartoffelreibe fein reiben. Die Kartoffelmasse ausdrücken.

❹ Die Zwiebel und den Knoblauch in 1 Teelöffel Butter glasig dünsten. Die Milch dazugießen und die geriebene Kartoffelmasse zugeben. So lange kochen lassen, bis die Milch dicker wird. Den Spinat dazugeben und die Masse mit Jodsalz, Pfeffer und Muskat würzen und erkalten lassen.

❺ Die kalte Spinatmasse in die Bauchöffnung des Zanders streichen; den Fisch außen mit der restlichen, heißen Butter bepinseln.

❻ Etwa 1/4 Liter Wasser, die Lorbeerblätter und den Dillzweig in einem Dämpftopf erhitzen, salzen und pfeffern. Den Zander in den Siebeinsatz legen, den Topf verschließen und den Fisch etwa 25 Minuten dämpfen.

**► Pro Portion**
2302/550 kJ/kcal • 89 g Eiweiß
10 g Fett • 14 g Kohlenhydrate
4 g Ballaststoffe • 156 mg Cholesterin

***Ein Gericht, mit dem Sie auch Ihre Gäste auf leichte Art verwöhnen können: Zander mit frischer Spinatfüllung (Seite 95).***

# Heilbuttfilets auf Schmortomaten

Nicht jeder ist ein Freund von Dill. Für das kräftig gewürzte Tomatengemüse können Sie stattdessen auch fein geschnittene Basilikumblätter nehmen.

**Für 2 Portionen**

**400 g Tomaten**
**2 Zwiebeln, 1 Knoblauchzehe**
**1 EL Rapsöl**
**Jodsalz, Pfeffer aus der Mühle**
**1 EL Aceto Balsamico**
**2 Heilbuttfilets à 180 g**
**1 EL Zitronensaft**
**etwas frischer Dill**

**Zubereitungszeit 40 Minuten**

❶ Die Tomaten waschen und achteln. Die Zwiebeln und den Knoblauch abziehen und in Scheiben schneiden.

❷ 1 Teelöffel Rapsöl erhitzen und die Zwiebeln und den Knoblauch darin anbraten. Die Tomaten dazugeben und mit Jodsalz, frisch gemahlenem Pfeffer und Aceto Balsamico würzen und etwa 10 Minuten schmoren lassen.

❸ Inzwischen die Heilbuttfilets abbrausen, trockentupfen, mit Zitronensaft beträufeln und mit Salz und Pfeffer würzen. Das restliche Rapsöl in einer beschichteten Pfanne erhitzen und die Fischfilets darin von beiden Seiten etwa 10 Minuten braten.

❹ Die Schmortomaten abschmecken und die Heilbuttsteaks darauf anrichten. Mit frischem Dill garnieren. Dazu passen Dampfkartoffeln oder Kräuterreis.

**► Pro Portion**

1367/327 kJ/kcal • 46 g Eiweiß
6 g Fett • 15 g Kohlenhydrate
8 g Ballaststoffe • 106 mg Cholesterin

# Seelachs mit Gemüse aus dem Tontopf

**Für 2 Portionen**
**360 g Seelachsfilet**
**1/2 Zitrone**
**Jodsalz, Pfeffer aus der Mühle**
**1 Zwiebel**
**1 Frühlingszwiebel**
**300 g gemischtes Gemüse (Brokkoli, Blumenkohl, Zucchini, Möhren)**
**2 Kartoffeln**
**einige grüne Pfefferkörner**
**frische Kräuter**
**1/2 l Gemüsebrühe**
**Schnittlauchbutter:**
**20 g Butter**
**Saft von 1/2 Zitrone**
**1 EL Schnittlauchröllchen**

**Zubereitungszeit 75 Minuten**

❶ Den Tontopf wässern. Die Fischfilets mit Zitronensaft säuern, salzen und pfeffern.

❷ Die Zwiebeln, das Gemüse und die Kartoffeln putzen bzw. schälen und waschen. Alles in mundgerechte Würfel, die Kartoffeln in Scheiben schneiden und in den Tontopf geben. Grüne Pfefferkörner und gehackte Kräuter untermischen.

❸ Die Fischfilets auf das Gemüse legen und mit der Gemüsebrühe aufgießen. Den verschlossenen Tontopf in den kalten Backofen stellen und bei 180 °C (Umluft 160 °C, Gas Stufe 2–3) 50 bis 60 Minuten garen.

❹ Die Butter erhitzen, den Zitronensaft und die Schnittlauchröllchen unterrühren. Die Fischfilets aus dem Tontopf nehmen, leicht salzen, auf Tellern verteilen und mit der säuerlichen Schnittlauchbutter übergießen. Das Gemüse dazu reichen.

**► Pro Portion**
2027/485 kJ/kcal • 25 g Eiweiß
16 g Fett • 52 g Kohlenhydrate
15 g Ballaststoffe • 53 mg Cholesterin

**TIPP**

**Nehmen Sie bei den Kartoffeln eine eher fest kochende Sorte, da mehlige Kartoffeln im Gemüsesud allzu leicht zerfallen.**

# Meeresfrüchte aus dem Kräuterdampf

Frische Muscheln erkennen Sie daran, dass sie sich beim Kontakt mit Wasser leicht öffnen und mit den Fingern zusammendrücken lassen. Bereits abgestorbene Tiere entfernen.

**Für 2 Portionen**

- **2 Riesengarnelen à 60 g**
- **80 g Scampi, 100 g Miesmuscheln**
- **je 80 g Lachs- und Kabeljaufilet**
- **1 Zitrone**
- **Jodsalz, Pfeffer aus der Mühle**
- **1 großes Bund Kräuter (Dill, Thymian, Estragon, Petersilie)**
- **1/2 TL Butter**
- **2 Schalotten, 1 Knoblauchzehe**
- **2 Lorbeerblätter**
- **6 weiße Pfefferkörner**
- **100 g Frühlingszwiebeln**
- **1/4 l Weißwein**

**Zubereitungszeit 30 Minuten**

❶ Die Riesengarnelen und die Scampi der Länge nach halbieren und den fadenähnlichen Darm entfernen, gründlich abbrausen. Die Muscheln unter fließendem Wasser abbürsten, die Muschelbärte entfernen. Die Fischfilets kalt abbrausen, trockentupfen und in Streifen schneiden.

❷ Die Kräuter waschen, trockenschütteln und die Blätter abzupfen. Etwa 2 Esslöffel davon fein hacken und zur Seite stellen.

❸ Den Siebeinsatz eines Schnellkochtopfes mit den restlichen Kräutern auslegen. Fischstreifen und Meeresfrüchte darauf verteilen, mit Zitronensaft beträufeln und leicht salzen.

❹ Die klein geschnittenen Schalotten, den durchgepressten Knoblauch, die Kräuterstiele, Gewürze, Salz und die in Scheiben geschnittenen Frühlingszwiebeln in Butter im Schnellkochtopf andünsten. Mit Weißwein ablöschen und aufkochen. Den Siebeinsatz in den Topf stellen, verschließen und alles unter Druck 5 bis 8 Minuten garen.

❺ Siebeinsatz entnehmen, den Dämpfsud durch ein Sieb abgießen, mit gehackten Kräutern verfeinern, salzen und pfeffern.

❻ Die Meeresfrüchte mit dem Sud übergießen. Dazu passen Salzkartoffeln oder Gemüsereis.

► **Pro Portion**

1714/410 kJ/kcal • 44 g Eiweiß
5 g Fett • 20 g Kohlenhydrate
1 g Ballaststoffe • 275 mg Cholesterin

***Ein Festmahl für alle Fischfreunde sind die schonend gegarten Meeresfrüchte aus dem Kräuterdampf (Seite 99).***

# Spaghetti mit Radicchio und gebratenen Garnelen

**TIPP**

Statt der runden Radicchioköpfe können Sie auch den ebenfalls rotblättrigen, länglichen Trevisiano verwenden. Die Blätter dann in 2–3 Zentimeter breite Streifen schneiden.

**Für 2 Portionen**

- 160 g Spaghetti
- Jodsalz, Pfeffer aus der Mühle
- 1 Knoblauchzehe
- 2 kleine Radicchioköpfe
- 60 g blaue Weintrauben
- 2 EL Rapsöl
- weißer Pfeffer aus der Mühle
- 6 Riesengarnelen (roh, ohne Schale) à etwa 60 g
- 1/2 TL Butter
- etwas frisches Basilikum

**Zubereitungszeit 25 Minuten**

❶ Spaghetti nach Packungsanweisung in reichlich kochendem Salzwasser bissfest kochen und abgießen.

❷ Den Knoblauch abziehen und in dünne Scheiben schneiden. Den Radicchio putzen, achteln und waschen. Die Trauben waschen, halbieren und entkernen.

❸ 1 Esslöffel Öl in einer beschichteten Pfanne erhitzen. Knoblauch und Radicchio darin etwa 3 Minuten braten, salzen und mit weißem Pfeffer würzen. Die Trauben dazugeben, gut untermischen und warm stellen.

❹ Die Garnelen einige Minuten im restlichen Öl braten, die Spaghetti untermischen, salzen und pfeffern.

❺ Die Spaghetti auf Tellern mit dem Radicchio anrichten. Pfeffer aus der Mühle darüber mahlen und mit den Basilikumblättchen garnieren.

**► Pro Portion**

2579/617 kJ/kcal • 43 g Eiweiß
16 g Fett • 65 g Kohlenhydrate
4 g Ballaststoffe
329 mg Cholesterin

# Rosmarinforelle aus dem Pergamentmantel

**Für 2 Portionen**

**2 küchenfertige Forellen (à 250 g)**
**1 EL Zitronensaft**
**Jodsalz, Pfeffer aus der Mühle**
**2 Knoblauchzehen**
**2 Rosmarinzweige**
**4 EL Weißwein**

**Zubereitungszeit 30 Minuten**

❶ Backofen auf 220 °C (Umluft 200 °C, Gas Stufe 4–5) vorheizen. Zwei ausreichend große Stücke Pergamentpapier abschneiden und flach auslegen. Die Forellen unter kaltem Wasser abbrausen und mit Küchenpapier trockentupfen.

❷ Die Forellen mit Zitronensaft beträufeln und mit Jodsalz und Pfeffer aus der Mühle würzen. Den Knoblauch abziehen und klein schneiden. Die Rosmarinzweige abbrausen, trocknen und mit dem Knoblauch in die Forellen füllen.

❸ Je eine Forelle auf ein Stück Pergamentpapier legen, die überstehenden Ecken hoch ziehen, so dass das Papier ein Behältnis formt. Je 2 Esslöffel Weißwein dazugießen und das Papier locker über den Forellen zusammenfalten.

❹ Die Forellen im vorgeheizten Backofen 15 bis 20 Minuten garen. Die Fischpäckchen auf Teller geben, oben vorsichtig öffnen, damit der heiße Dampf entweichen kann und sofort servieren.

► **Pro Portion**

1317/315 kJ/kcal • 57 g Eiweiß
4 g Fett • 2 g Kohlenhydrate
0 g Ballaststoffe • 162 mg Cholesterin

Dies ist eine besonders bekömmliche Art, Fisch zuzubereiten. Das Gericht enthält kein zusätzliches Fett, und Rosmarin wird zur Senkung des Blutfettpegels empfohlen.

# BUNTES ALLERLEI – GEMÜSE

# Gefüllte Aubergine

**Für 2 Portionen**

**1 Aubergine (500 g)**
**30 g Hirse**
**1/8 l Gemüsebrühe**
**Saft einer Zitrone**
**1/2 Zwiebel**
**2 Knoblauchzehen**
**1 Tomate**
**2 EL Kräuter (Oregano, Basilikum, frische Kresse, Schnittlauch)**
**Jodsalz**
**Pfeffer aus der Mühle**

**Sauce:**

**1 EL Olivenöl**
**1/2 Zwiebel**
**2 Tomaten**
**4 EL Weißwein**
**1/8 l Gemüsebrühe**

**Zubereitungszeit 50 Minuten**

❶ Backofen auf 180 °C (Umluft 160 °C, Gas Stufe 2–3) vorheizen. Die Aubergine waschen, Stielansatz entfernen, der Länge nach halbieren und mit einem Teelöffel einen Großteil des Fruchtfleischs herausschaben. Die Hälften salzen und 10 Minuten ziehen lassen.

❷ Die Hirse in der Gemüsebrühe bei mittlerer Hitze etwa 8 Minuten kochen, dann 10 Minuten nachquellen lassen.

❸ Die Auberginenhälften waschen, trockentupfen und mit Zitronensaft beträufeln. Die Zwiebel und die Knoblauchzehen abziehen und fein hacken. Die Tomaten waschen, entkernen und in Würfel schneiden.

❹ Das Auberginenfruchtfleisch klein schneiden und mit Tomatenwürfeln, Zwiebel, Knoblauch, Hirse und Kräutern vermischen. Salzen, pfeffern und in die Auberginenhälften füllen.

❺ Olivenöl in einem Schmortopf erhitzen und die klein geschnittene Zwiebel darin andünsten. Die Tomaten waschen, klein schneiden und dazugeben. Mit Weißwein und der Gemüsebrühe aufgießen. Die Auberginenhälften in die Sauce setzen und im vorgeheizten Backofen etwa 30 Minuten schmoren. Die Auberginen mit der Sauce servieren.

**► Pro Portion**

1045/250 kJ/kcal • 8 g Eiweiß
8 g Fett • 31 g Kohlenhydrate
10 g Ballaststoffe • 0 mg Cholesterin

Hirse ist ein besonders wertvolles Getreide, denn es enthält weit mehr Mineralstoffe und Spurenelemente als beispielsweise weißer Reis.

# KARTOFFEL-AUFLAUF

Achten Sie beim Kauf des Butterkäses auf den Fettgehalt und wählen Sie einen mit möglichst geringer Fettstufe. Zu Kartoffeln passt auch würziger Greyerzer Käse.

**Für 2 Portionen**

- **300 g gekochte Pellkartoffeln**
- **1/2 TL Butter**
- **1 Knoblauchzehe**
- **1 Zwiebel**
- **250 g blanchierter Blattspinat**
- **1 Tomate**
- **Jodsalz, Pfeffer aus der Mühle**
- **Muskat**
- **1/8 l fettarme Milch (0,3%)**
- **1 Ei**
- **60 g geriebener Butterkäse**
- **2 EL fein gehacktes Basilikum**
- **2 EL fein gehackter Oregano**

**Zubereitungszeit 35 Minuten**

❶ Die Pellkartoffeln schälen und in Scheiben schneiden. Eine Auflaufform mit Butter ausfetten und den Backofen auf 190 °C (Umluft 170 °C, Gas Stufe 3) vorheizen.

❷ Die Knoblauchzehe und die Zwiebel abziehen und fein hacken. Den Spinat grob hacken und dazugeben. Die Tomaten überbrühen, häuten, entkernen und fein würfeln. Zum Spinat geben und mit Jodsalz, Pfeffer und Muskat würzen.

❸ Die Kartoffeln und die Gemüsemischung in die Auflaufform schichten. Die Milch und das Ei verquirlen, den geriebenen Käse unterrühren und über den Auflauf gießen.

❹ Den Auflauf im Backofen etwa 20 Minuten goldgelb backen und mit Basilikum und Oregano bestreut servieren.

► **Pro Portion**

1451/347 kJ/kcal • 22 g Eiweiß
10 g Fett • 36 g Kohlenhydrate
9 g Ballaststoffe • 136 mg Cholesterin

# GEMÜSE-BROTAUFLAUF

**Für 2 Portionen**
**200 g Stangenweißbrot**
**1 TL Butter**
**1 Stange Porree**
**1 Möhre, 100 g Blumenkohl**
**Jodsalz, Pfeffer aus der Mühle**
**2 Eier, gemahlene Muskatnuss**
**40 g geriebener Emmentaler (30%)**
**100 ml fettarme Milch (0,3%)**
**1 TL gehackte Petersilie**
**1 TL Schnittlauchröllchen**
**wenig Butter und Semmelbrösel**

**Zubereitungszeit 60 Minuten**

❶ Das Stangenweißbrot in Scheiben schneiden, mit der Hälfte der Butter im vorgeheizten Backofen bei 200 °C (Umluft 180 °C, Gas Stufe 3–4) etwa 3 Minuten anrösten.

❷ Das Gemüse waschen, putzen bzw. schälen und in mundgerechte Stücke schneiden. In Salzwasser bissfest garen, abgießen.

❸ Die Eier trennen. Die Eigelbe mit der Milch und dem geriebenen Emmentaler verrühren. Das Eiweiß steif schlagen und unterheben.

❹ Eine Auflaufform mit der restlichen Butter ausstreichen und mit Semmelbröseln ausstreuen. Die Hälfte der Käsemasse einfüllen. Geröstete Brotscheiben und vorgegartes Gemüse schuppenartig einschichten und mit gehackter Petersilie bestreuen.

❺ Die restliche Käsemasse darüber geben und im vorgeheizten Backofen bei 180 °C (Umluft 160 °C, Gas Stufe 2–3) 35 bis 40 Minuten backen. Vor dem Servieren mit Schnittlauchröllchen bestreuen.

► **Pro Portion**
2278/545 kJ/kcal • 28 g Eiweiß
17 g Fett • 62 g Kohlenhydrate
7 g Ballaststoffe • 261 mg Cholesterin

Die Möhre gibt ihren Reichtum an Bio- und Mineralstoffen wie den Karotinoiden und Selen nicht freiwillig her: die harten, zellulosehaltigen Möhrenzellen wollen gekocht sein, am besten mit der Zugabe von ein wenig Fett.

# Porreeschnecken

Hefeteig gelingt immer, wenn alle Zutaten rechtzeitig bereit gestellt werden, so dass sie Zimmertemperatur haben. Bei der Zubereitung und beim Gehen des Hefeteigs darauf achten, dass er keinen Zug bekommt.

**Für 4 Portionen**

- 30 g Hefe
- 1/8 l lauwarme fettarme Milch
- 1 Prise Zucker
- 350 g Mehl
- 20 g Butter
- 1 Ei
- 1 Prise Salz
- gemahlene Muskatnuss

**Füllung:**

- 2 Stangen Porree
- 80 g magerer Schinken
- 2 EL Fleisch- oder Gemüsebrühe
- 1 EL Schmand
- Pfeffer aus der Mühle

**Zubereitungszeit 100 Minuten**

❶ Backofen auf 200 °C (Umluft 180 °C, Gas Stufe 4–5) vorheizen. Die Hefe in einen Teil der lauwarmen Milch bröckeln und mit einer Prise Zucker gehen lassen. Aus Mehl, Butter, Ei, Salz, Muskat und Hefe einen geschmeidigen Hefeteig herstellen und zugedeckt etwa 20 Minuten gehen lassen.

❷ Porreestangen der Länge nach einschneiden, waschen und in feine Scheiben schneiden. Den Schinken in Würfel scheiden und in ganz wenig Brühe in der Pfanne auslassen. Den Porree dazu geben und mitdünsten. Bei Bedarf etwas Flüssigkeit abgießen, den Schmand unterrühren und mit Pfeffer aus der Mühle würzen und auskühlen lassen.

❸ Den Teig noch einmal kräftig durchkneten und auf der bemehlten Arbeitsfläche zu einem etwa ein Zentimeter dicken Rechteck ausrollen.

❹ Die abgekühlte Füllung auf dem Teig verteilen und aufrollen. Teigrolle in etwa 6 Zentimeter dicke Stücke schneiden. Die Stücke nebeneinander in eine gebutterte Springform setzen und zugedeckt 15 Minuten gehen lassen.

❺ Die Porreeschnecken im vorgeheizten Backofen 25 bis 30 Minuten goldgelb backen.

**► Pro Portion**

1626/388 kJ/kcal • 13 g Eiweiß
9 g Fett • 58 g Kohlenhydrate
8 g Ballaststoffe • 76 mg Cholesterin

***Schmeckt so interessant wie es aussieht: Porreeschnecken sind sowohl frisch aus dem Backofen als auch lauwarm ein Genuss*** ***(Seite 107).***

# Gemüse-Makkaroni-Auflauf

Die dicken und kurzen Nudelsorten wie Makkaroni, Penne und Rigatoni eignen sich besonders gut für Aufläufe, weil sie beim Überbacken kaum aufweichen.

**Für 2 Portionen**

- **180 g Makkaroni**
- **100 g Blattspinat**
- **100 g Champignons**
- **1 Zwiebel**
- **1 Knoblauchzehe**
- **wenig Rapsöl**
- **200 g geschälte Tomaten (Dose)**
- **wenig Butter für die Form**
- **1 TL Butter**
- **1 EL Mehl**
- **1/4 l fettarme Milch**
- **Jodsalz, Pfeffer aus der Mühle**
- **gemahlene Muskatnuss**

**Zubereitungszeit 50 Minuten**

❶ Backofen auf 200 °C (Umluft 180 °C, Gas Stufe 4–5) vorheizen. Die Nudeln nach Packungsanweisung bissfest kochen.

❷ Den Spinat putzen, waschen, blanchieren und grob hacken. Die Pilze säubern und vierteln. Die Zwiebel und den Knoblauch abziehen, in feine Würfel schneiden und in einer mit wenig Rapsöl ausgeriebenen, beschichteten Pfanne anbraten.

❸ Spinat und Pilze zufügen und einige Minuten garen. Die Nudeln und die zerkleinerten Tomaten untermischen, salzen und pfeffern. Die Nudel-Gemüse-Mischung in eine gefettete Auflaufform füllen.

❹ Für die Sauce Butter schmelzen, das Mehl einrühren, mit der kalten Milch nach und nach aufgießen und 5 Minuten kochen. Mit Jodsalz, Pfeffer und Muskat würzen und über den Auflauf gießen. Im vorgeheizten Backofen etwa 30 Minuten backen.

► **Pro Portion**

2278/545 kJ/kcal • 19 g Eiweiß
12 g Fett • 82 g Kohlenhydrate
10 g Ballaststoffe
65 mg Cholesterin

# Herbstlicher Gemüsestrudel

**Für 2 Portionen**

**150 g Mehl, 1 Ei**
**1 EL Rapsöl**
**Jodsalz, Pfeffer aus der Mühle**
**lauwarmes Wasser**
**600 g Blumenkohl, Brokkoli, Möhren, Zucchini und Kartoffeln**
**2 EL gehackte Kräuter**
**1 TL Schmand (24%)**
**weißer Pfeffer**
**3 EL Semmelbrösel**
**1 EL geröstete Sesamsamen**
**1 Eigelb**

**Zubereitungszeit 90 Minuten**
**2 Stunden Ruhezeit**

❶ Backofen auf 180 °C (Umluft 160 °C, Gas Stufe 2–3) vorheizen. Aus Mehl, Ei, Rapsöl, einer Prise Salz und lauwarmem Wasser einen Strudelteig kneten und 2 Stunden ruhen lassen.

❷ Das Gemüse waschen, putzen bzw. schälen, klein schneiden und bissfest dämpfen. Den Schmand in einer Schüssel mit dem abgetropften Gemüse verrühren. Die geschälten rohen Kartoffeln fein dazureiben, die gehackten Kräuter dazugeben, salzen und pfeffern.

❸ Den Strudelteig ganz dünn ausziehen, mit Semmelbröseln und Sesam bestreuen und die Gemüsemasse darauf verteilen. Zu einem Strudel aufrollen. Eigelb mit etwas Wasser verquirlen, den Strudel damit bestreichen und im vorgeheizten Backofen etwa 25 Minuten backen.

❹ Den Strudel in Scheiben schneiden, mit grünem Salat servieren.

► **Pro Portion**

2433/582 kJ/kcal • 25 g Eiweiß
18 g Fett • 85 g Kohlenhydrate
18 g Ballaststoffe • 280 mg Cholesterin

# Stangenspargel mit Kräuterklösschen

Tauchen Sie beim Abstechen der Klößchen die beiden Teelöffel erst in kaltes Wasser, bevor Sie die Masse formen. Die Klößchen lösen sich dann leichter von den Löffeln.

**Für 2 Portionen**

- **300 g weißer Spargel**
- **300 g grüner Spargel**
- **Jodsalz**
- **1 Prise Zucker**
- **10 g Butter**
- **2 Eigelbe**
- **20 g Frischkäse**
- **80 g Quark**
- **100 g Weizengrieß**
- **1 EL gehackte Kräuter (Petersilie, Dill, Schnittlauch)**
- **Pfeffer aus der Mühle**
- **gemahlene Muskatnuss**
- **1/2 l Gemüsebrühe**
- **4 Radieschen**

**Zubereitungszeit 45 Minuten**

❶ Den weißen Spargel schälen, den grünen Spargel nicht oder nur im unteren Drittel.

❷ Aus Wasser, Jodsalz und wenig Zucker einen Sud herstellen und als erstes den weißen Spargel in den kochenden Sud geben. Nach etwa 4 Minuten den grünen Spargel dazugeben und beides weitere 8 Minuten bissfest garen. Den Spargel in etwas Sud warm stellen.

❸ Für die Kräuterklößchen Butter mit den Eigelben schaumig rühren. Frischkäse und Quark dazugeben, gut durchrühren und zum Schluss den Grieß und die gehackten Kräuter unter die Masse arbeiten. Mit Jodsalz, frisch gemahlenem Pfeffer und Muskat würzen. Die Klößchenmasse kurze Zeit ruhen lassen.

❹ Die Gemüsebrühe zum Kochen bringen. Aus der Frischkäsemasse mit Hilfe von 2 Teelöffeln kleine Klößchen formen und gleich in die siedende Gemüsebrühe geben. Etwa 10 Minuten leicht kochen und weitere 5 Minuten zugedeckt gar ziehen lassen.

❺ Die Radieschen waschen, putzen und auf der Küchenreibe grob raspeln. Den Spargel aus dem Sud nehmen und auf Tellern anrichten. Die Frischkäse-Kräuterklößchen darauf setzen und mit den Radieschenraspeln bestreuen.

**► Pro Portion**

1860/445 kJ/kcal • 23 g Eiweiß
16 g Fett • 46 g Kohlenhydrate
7 g Ballaststoffe • 331 mg Cholesterin

***Bunter Stangenspargel mit Kräuterklößchen ist ein echter Frühlingshit*** ***(Seite 111).***

URS

# Shiitakegemüse mit gebratenen Reisplätzchen

Shiitakepilze werden auch bei uns immer häufiger angeboten. Ihren Ursprung haben diese Pilze in Japan, sie werden dort regelmäßig verzehrt, denn man sagt ihnen einen positiven Einfluss auf Blutdruck und Cholesterinspiegel nach.

**Für 2 Portionen**

- 120 g Langkornreis
- Jodsalz
- Pfeffer aus der Mühle
- 120 g Shiitakepilze
- 1 Stange Porree
- 1 Möhre
- 60 g Sojabohnensprossen
- 1 Stück frischer Ingwer (etwa 1 cm)
- 2 TL Rapsöl
- 1 EL Sojasauce
- wenig Honig
- 1 Eiweiß

**Zubereitungszeit 35 Minuten**

❶ Den Reis nach Angabe auf der Packung in Salzwasser kochen, abgießen und kalt abschrecken.



❷ Die Shiitakepilze putzen und klein schneiden. Den Porree waschen und in Ringe, die Möhre schälen und in feine Streifen schneiden. Die Sojabohnensprossen waschen und abtropfen lassen. Den Ingwer schälen und fein hacken.

❸ Eine beschichtete Pfanne mit Rapsöl ausreiben und das Gemüse, bis auf Sojabohnensprossen und Ingwer, kurz andünsten und bissfest garen. Die Sprossen und den Ingwer zum Schluss hinzufügen und mit Sojasauce, Pfeffer, Jodsalz und wenig Honig süßsauer abschmecken.

❹ Das Eiweiß steif schlagen, unter den Reis heben und salzen. Mit einem Esslöffel portionsweise in heißem Rapsöl kleine Plätzchen ausbraten. Das Gemüse mit den Reisplätzchen servieren.

**► Pro Portion**

1359/324 kJ/kcal • 12 g Eiweiß
4 g Fett • 56 g Kohlenhydrate
6 g Ballaststoffe • 0 mg Cholesterin

# Pilze in Kräuterrahm mit Semmelknödeln

**Für 2 Portionen**
**500 g Pilze (Champignons, Egerlinge, Austernpilze)**
**1/2 Zwiebel**
**1 TL Butter**
**2 EL Mehl**
**1/4 l Fleisch- oder Gemüsebrühe**
**1/8 l fettarme Milch**
**4 EL Sahne**
**Jodsalz, Pfeffer aus der Mühle**
**Muskat, gemahlener Kümmel**
**frische Kräuter (Petersilie, Schnittlauch, Majoran)**
**Knödel:**
**4 alte Brötchen**
**75 ml fettarme Milch**
**1 TL Butter**
**1/2 kleine Zwiebel, 1 Ei**
**frisch gehackte Petersilie, Jodsalz, Pfeffer aus der Mühle, Muskat**

**Zubereitungszeit 45 Minuten**

❶ Pilze putzen und in mundgerechte Stücke schneiden. Kräuter waschen, trockenschütteln und fein hacken. Die abgezogene Zwiebel in feine Würfel schneiden und in Butter glasig dünsten. Mit Mehl bestäuben, mit Brühe, Milch und Sahne auffüllen und aufkochen lassen.

❷ Die vorbereiteten Pilze dazugeben und leicht kochen lassen. Mit Salz, Pfeffer, Muskat, Kümmel und den Kräutern würzen.

❸ Für die Semmelknödel die Brötchen in Würfel schneiden und in eine Schüssel geben. Die Milch erwärmen. Die Butter erhitzen und die klein geschnittene Zwiebel darin andünsten. Beides mit den Brötchenwürfeln vermischen, das Ei und die gehackte Petersilie unterrühren und mit Salz, Pfeffer und Muskat würzen.

❹ Aus der Masse Knödel formen und in kochendem Salzwasser etwa 15 Minuten garen. Mit den Rahmpilzen servieren.

► **Pro Portion**
2237/535 kJ/kcal • 23 g Eiweiß
18 g Fett • 61 g Kohlenhydrate
10 g Ballaststoffe
161 mg Cholesterin

Die Pilze in Kräuterrahm können Sie mit Salzkartoffeln, Reis oder einer Wildreismischung noch etwas schneller auf den Tisch bringen.

# Vollkornspaghetti mit pikantem Kürbisragout

**Für 2 Portionen**

**120 g Vollkornspaghetti**
**Jodsalz**
**Pfeffer aus der Mühle**
**100 g Brokkoli**
**200 g Kürbis**
**1 rote Paprikaschote**
**2 Champignons**
**100 ml Gemüsebrühe**
**gemahlener Koriander**
**2 Dillzweige**
**1 EL Kaffeesahne (10 % Fett)**

**Zubereitungszeit 40 Minuten**

❶ Vollkornspaghetti nach Packungsanleitung in reichlich Salzwasser bissfest garen, in ein Sieb abgießen, mit kaltem Wasser abschrecken und gut abtropfen lassen.

❷ Inzwischen den Brokkoli putzen, waschen und in Röschen teilen. Den Kürbis schälen, die Kerne und die watteartigen Fasern entfernen. Das Fruchtfleisch in kleine Würfel schneiden.

❸ Etwas Salzwasser zum Kochen bringen und das Gemüse darin blanchieren. Herausnehmen und abtropfen lassen.

❹ Die Paprikaschote entkernen, waschen und in Würfel schneiden. Die Champignons putzen, in kleine Würfel schneiden und in einer Pfanne mit wenig Brühe andünsten. Brokkoli, Kürbis und Paprikaschoten dazugeben. Mit Jodsalz, Pfeffer und Koriander würzen.

❺ Mit der restlichen Brühe aufgießen und so lange bei mittlerer Hitze einkochen lassen, bis die Flüssigkeit gerade noch den Pfannenboden bedeckt.

❻ Die Dillspitzen von den Zweigen zupfen, klein schneiden und mit etwas Kaffeesahne zum Gemüse geben.

❼ Die Nudeln dazugeben, heiß werden lassen und, falls nötig, etwas nachwürzen. Sofort servieren.

► **Pro Portion**

1141/273 kJ/kcal • 12 g Eiweiß
3 g Fett • 45 g Kohlenhydrate
9 g Ballaststoffe • 42 mg Cholesterin

**TIPP**

Als knusprige und schmackhafte Dekoration können Sie geröstete Kürbiskerne darüber streuen. Am besten ausgelöst im Naturkostladen oder Reformhaus kaufen.

***Optisch schön und gesundheitlich wertvoll: Vollkornspaghetti mit Kürbisragout (Seite 115).***

# Spaghetti mit Frühlingsgemüse

Zuckerschoten, auch Kaiserschoten oder »Mange-tout« genannt, sind unreife Erbsenschoten, die so zart sind, dass sie ganz gegessen werden können.

**Für 2 Portionen**

- 100 g grüner Spargel
- 200 g Zuckerschoten
- 1 kleiner Zucchino
- 1 kleine Zwiebel
- wenig Rapsöl
- Jodsalz, Pfeffer aus der Mühle
- 180 g Spaghetti
- 1 EL Olivenöl
- 1 TL gehackte Kräuter (Petersilie, Basilikum, Schnittlauch)

Zubereitungszeit 35 Minuten

1. Den Spargel waschen und im unteren Drittel schälen. Die Zuckerschoten waschen, abtropfen lassen, den Stielansatz abschneiden und die Fäden entlang der Hülse abziehen.

2. Den Zucchino waschen und in Streifen schneiden. Die Zwiebel abziehen und in dünne Ringe schneiden.

3. Eine beschichtete Pfanne mit Rapsöl ausreiben und das Gemüse darin andünsten. Mit Jodsalz und frisch gemahlenem Pfeffer würzen.

4. Die Spaghetti nach Packungsanweisung in reichlich Salzwasser mit dem Olivenöl bissfest kochen. Abgießen und abschrecken. Zum gedünsteten Gemüse geben und nochmals erwärmen. Zum Schluss die Kräuter untermischen, abschmecken und servieren.

► **Pro Portion**

1806/432 kJ/kcal • 13 g Eiweiß
7 g Fett • 73 g Kohlenhydrate
6 g Ballaststoffe • 42 mg Cholesterin

# Breite Knoblauchnudeln mit Paprikastreifen

**Für 2 Portionen**

- **1 rote Paprikaschote**
- **1 gelbe Paprikaschote**
- **wenig Rapsöl**
- **100 ml Gemüsebrühe**
- **Jodsalz**
- **Pfeffer aus der Mühle**
- **1 Knoblauchzehe**
- **1 kleines Bund frischer Koriander**
- **4 Walnusshälften**
- **180 g breite Bandnudeln**

**Zubereitungszeit 30 Minuten**

❶ Die Paprikaschoten putzen, waschen und in Streifen schneiden.

❷ Eine beschichtete Pfanne mit Öl ausreiben, erhitzen und die Paprikastreifen darin andünsten. Mit wenig Brühe aufgießen und mit Jodsalz und frisch gemahlenem Pfeffer würzen.

❸ Die Knoblauchzehe abziehen, grob zerkleinern und mit Koriander und den Walnüssen in einem Mixer fein pürieren. Etwas Öl unterrühren und die Paste mit Jodsalz und frisch gemahlenem Pfeffer würzen.

❹ Die Nudeln in Salzwasser bissfest kochen, abgießen und gut abtropfen lassen. Sofort mit der Knoblauchpaste und dem Paprikagemüse vermischen, nochmal abschmecken und servieren.

► **Pro Portion**
1705/408 kJ/kcal • 12 g Eiweiß
6 g Fett • 71 g Kohlenhydrate
6 g Ballaststoffe • 42 mg Cholesterin

Paprikaschoten lassen sich am leichtesten putzen, indem man sie der Länge nach halbiert und den Stielansatz, die Kerne und die weißen Innenhäute entfernt. Ausnahme: Bei Paprikaschoten, die zum Füllen vorbereitet werden, schneidet man quer einen Deckel ab.

# Zucchini-Paprika-Polenta

Maisgrieß (Polenta) ist fein ausgemahlener getrockneter Mais, der vorzugsweise für Polenta, Crêpes, Kuchen, Gebäck und Brot verwendet wird. Maisgrieß liefert sehr viel Magnesium, Kalium und Phosphor, ist reich an Vitamin B1 und B6 sowie an Ballaststoffen.

**Für 2 Portionen**

**1 Thymianzweig**
**1 Zweig Oregano**
**1/4 l Gemüsebrühe**
**80 g Polenta (Maisgrieß)**
**1/2 TL Halbfettbutter für die Form**
**1 Zwiebel**
**1 Knoblauchzehe**
**1 rote Paprikaschote**
**1/2 TL Olivenöl**
**Paprikapulver**
**1 Messerspitze Kreuzkümmel**
**1 Messerspitze Cayennepfeffer**
**Jodsalz, Pfeffer aus der Mühle**
**40 g Bauernkäse (20 % Fett i.Tr.)**
**abgeriebene Zitronenschale**
**1 Zucchino**
**1 TL Zitronensaft**

**Zubereitungszeit 50 Minuten**

❶ Backofen auf 200 °C (Umluft 180 °C, Gas Stufe 3–4) vorheizen. Thymian- und Oreganoblätter in der Gemüsebrühe aufkochen. Den Maisgrieß einrieseln lassen und unter ständigem Rühren etwa 3 Minuten aufkochen lassen. Den Topf abdecken und die Polenta auf der ausgeschalteten Kochstelle noch etwa 10 Minuten quellen lassen.

❷ Eine Gratinform mit Halbfettbutter auspinseln. Den Polentabrei hineinstreichen und abkühlen lassen. Inzwischen die Zwiebel und den Knoblauch abziehen und fein hacken. Die Paprikaschote waschen, halbieren, entkernen und klein würfeln.

❸ Eine beschichtete Pfanne mit Olivenöl ausreiben, erhitzen und Zwiebel, Knoblauch, Paprikaschote und die Gewürze unter Rühren darin 2 Minuten andünsten.

❹ Den Bauernkäse grob raspeln, mit der Zitronenschale und den Kräutern unter das Gemüse ziehen. Den Zucchino waschen, in dünne Streifen schneiden, mit Zitronensaft und Jodsalz würzen und auf die Polenta schichten.

❺ Das Paprikagemüse darüber verteilen und die Polenta im Backofen 20 bis 25 Minuten backen.

► **Pro Portion**
1162/277 kJ/kcal • 12 g Eiweiß
5 g Fett • 41 g Kohlenhydrate
7 g Ballaststoffe • 7 mg Cholesterin

***Da werden Erinnerungen an Italien wach: Polenta, mit einer würzigen Zucchini-Paprika-Mischung überbacken (Seite 119).***

# Rosenkohl-Quiche

Eine original französische Quiche ist eine deftige Mahlzeit – deshalb bei dieser Variante genau auf die empfohlenen Zutaten achten.

**Für 4 Portionen**

**160 g Mehl**
**40 g Halbfettbutter**
**300 g Magerquark (0,2 % Fett)**
**Jodsalz, Pfeffer aus der Mühle**
**2 Zwiebeln**
**1 Knoblauchzehe**
**1 rote Paprikaschote**
**1/2 Tasse Gemüsebrühe**
**100 g Camembert (30 % Fett i.Tr.)**
**2 Eier, 100 ml fettarme Milch**
**1 TL getrockneter Oregano**
**500 g Rosenkohl**
**2 EL Semmelbrösel**

**Zubereitungszeit 40 Minuten (ohne Backzeit)**

❶ Das Mehl mit der stückigen Halbfettbutter, 200 Gramm Quark und 1/2 Teelöffel Jodsalz zu einem glatten Teig verkneten und 30 Minuten kalt stellen.

❷ Zwiebeln und Knoblauch abziehen und fein hacken. Die Paprikaschote entkernen, waschen und in kleine Würfel schneiden. Zwiebeln, Knoblauch und Paprika in einer beschichteten Pfanne mit wenig Gemüsebrühe andünsten.

❸ Den Camembert grob hacken und mit dem restlichen Quark, Eiern, Milch und Oregano verrühren. Den Rosenkohl putzen, halbieren und in Salzwasser bissfest garen; kalt abschrecken.

❹ Backofen auf 200 °C (Umluft 180 °C, Gas Stufe 3–4) vorheizen. Quicheform (28 Zentimeter Durchmesser) ausfetten. Bis zum Rand mit gerolltem Teig auslegen, mit Semmelbröseln bestreuen.

❺ Den Rosenkohl salzen und pfeffern, in die Form geben und die Käsemasse mit der Zwiebel-Paprika-Mischung darüber verteilen. Die Quiche auf der untersten Schiene des Backofens 30 Minuten backen.

► **Pro Portion**
1885/451 kJ/kcal • 34 g Eiweiß
12 g Fett • 45 g Kohlenhydrate
13 g Ballaststoffe • 139 mg Cholesterin

# Gratin mit Paprika und Sauerkraut

**Für 2 Portionen**

- **1 rote Paprikaschote**
- **1 gelbe Paprikaschote**
- **1 grüne Paprikaschote**
- **1 Zwiebel**
- **200 g Sauerkraut**
- **1 Tasse Gemüsebrühe**
- **Jodsalz, Pfeffer aus der Mühle**
- **1 Knoblauchzehe**
- **1/2 TL Halbfettbutter**
- **2 Eigelbe**
- **100 g Magerquark (0,2 % Fett)**
- **1 EL gehackte Kräuter (Petersilie, Schnittlauch, Kerbel)**

**Zubereitungszeit 50 Minuten**

❶ Backofen auf 200 °C (Umluft 180 °C, Gas Stufe 3–4) vorheizen. Die Paprikaschoten entkernen, waschen und fein würfeln. Die Zwiebel abziehen und klein schneiden.

❷ Das Sauerkraut grob hacken und mit der Gemüsebrühe übergießen. Zwiebel und Paprikaschoten dazugeben und mit Salz, Pfeffer und der zerdrückten Knoblauchzehe würzen.

❸ Eine feuerfeste Form mit Halbfettbutter ausstreichen und die Masse einfüllen. Die Eigelbe mit Magerquark glatt rühren und die gehackten Kräuter darunter mischen.

❹ Die Quarkmasse salzen und pfeffern und auf dem Sauerkraut verteilen. Im vorgeheiztem Backofen etwa 25 Minuten goldgelb überbacken.

**▶ Pro Portion**

978/234 kJ/kcal • 16 g Eiweiß
10 g Fett • 15 g Kohlenhydrate
9 g Ballaststoffe • 317 mg Cholesterin

**TIPP**

**Nehmen Sie im Herbst kein Sauerkraut aus der Dose. Kaufen Sie frisches aus dem Fass.**

# ERFRISCHEND – DESSERTS UND DRINKS

# Blätterteig-Joghurt-Torte

**Für 16 Stücke**

**400 g Blätterteig (4 Platten)**
**1 Eigelb, 6 Blatt weiße Gelatine**
**600 g Naturjoghurt**
**Mark von 1 Vanilleschote**
**2 EL Zitronensaft**
**100 g Fruchtzucker, 300 g Sahne**
**400 g Erdbeeren oder andere Beeren der Saison**

**Zubereitungszeit 40 Minuten (ohne Kühlzeit)**

❶ Backofen auf 200 °C (Umluft 180 °C, Gas Stufe 3–4) vorheizen. Die Blätterteigplatten auftauen lassen und ausrollen. Mit einem Springformrand vier Böden ausstechen, mit verquirltem Eigelb bestreichen und nacheinander im Backofen 12 bis 15 Minuten backen.

❷ Die Gelatine in kaltem Wasser einweichen. Den Joghurt mit dem Vanillemark, dem Zitronensaft und dem Fruchtzucker verrühren. Gelatine gut ausdrücken, bei schwacher Hitze mit wenig Wasser auflösen und unter die Joghurtmasse rühren. Kalt stellen.

❸ Die Sahne steif schlagen und zwei Drittel mit einem Schneebesen unter den Joghurt heben, sobald dieser zu gelieren beginnt. Die Beeren waschen und putzen. Größere Beeren halbieren oder vierteln.

❹ In eine Springform einen Blätterteigboden einsetzen, ein Drittel der Joghurtmasse darauf verteilen und die Hälfte der Beeren darüber streuen. Darauf wieder einen Blätterteigboden legen, das zweite Drittel der Joghurtmasse und die restlichen Beeren schichten. Zuletzt mit einem Blätterteigboden abdecken, die restliche Joghurtmasse darauf geben und mit einem flachen Messer glatt streichen.

❺ Die Blätterteig-Joghurt-Torte im Kühlschrank 4 bis 5 Stunden gut kühlen lassen und mit etwas geschlagener Sahne, einigen Erdbeeren und dem in einzelne Tortenstücke geschnittenen letzten Blätterteigboden garnieren.

► **Pro Portion**

999/239 kJ/kcal • 4 g Eiweiß
16 g Fett • 17 g Kohlenhydrate
1 g Ballaststoffe • 69 mg Cholesterin

Reste von Blätterteig nie verkneten. Er verliert dadurch seine Blättrigkeit. Am besten mehrere Lagen übereinander legen und erneut auf die gewünschte Form ausrollen.

# Quarkauflauf

**TIPP**

**Servieren Sie den Quarkauflauf mit einem Fruchtkompott, zum Beispiel mit Sauerkirschen oder Zwetschgen.**

**Für 2 Portionen**
- **4 Eier**
- **250 g Magerquark**
- **1 unbehandelte Zitrone**
- **70 g Puderzucker**
- **Butter für die Form**
- **Puderzucker zum Bestäuben**

**Zubereitungszeit 40 Minuten**

❶ Backofen auf 180 °C (Umluft 160 °C, Gas Stufe 2–3) vorheizen. Die Eier trennen. Den Quark mit den Eigelben in einer Schüssel glatt rühren. Die Zitrone waschen, die Schale abreiben und den Saft auspressen. Beides mit der Hälfte des Puderzuckers unter den Quark rühren, bis sich der Zucker vollständig aufgelöst hat.



❷ Das Eiweiß mit dem restlichen Puderzucker zu steifem Schnee schlagen und mit einem Kochlöffel vorsichtig unter die Quarkmasse heben.

❸ Eine Auflaufform mit wenig Butter ausfetten und mit Puderzucker oder grobem Zucker auszuckern. Die Quarkmasse hineinfüllen, in ein heißes Wasserbad stellen, so dass die Form zu etwa zwei Dritteln im Wasser steht. Im vorgeheizten Backofen auf mittlerer Schiene etwa 25 Minuten backen.

❹ Den Quarkauflauf nach dem Backen mit Puderzucker bestreuen und heiß servieren.

**► Pro Portion**
1814/433 kJ/kcal
32 g Eiweiß
14 g Fett • 39 g Kohlenhydrate
0 g Ballaststoffe
481 mg Cholesterin

# Kefir-Kaltschale mit Sommerbeeren und Minze

**Für 2 Portionen**

**400 g gemischte frische Sommerbeeren (Johannisbeeren, Erdbeeren, Himbeeren, Brombeeren)**
**etwas frische Minze**
**200 g fettarmer Kefir**
**1 EL Ahornsirup**
**1 TL Zitronensaft**

**Zubereitungszeit 20 Minuten**

❶ Die Beeren verlesen und waschen. Größere Beeren halbieren. Die Minze waschen, trockentupfen und die Blättchen abzupfen. Einige Blättchen zum Garnieren zur Seite legen.

❷ Die Hälfte der Beeren mit den abgezupften Minzeblättchen mit dem Pürierstab oder im Mixer fein pürieren.

❸ Den Kefir unter das Beerenmus rühren und mit Ahornsirup und Zitronensaft abschmecken. Die restlichen ganzen Beeren unterrühren und kalt stellen.

❹ Die Kaltschale in Suppenteller oder Glasschalen füllen und mit den Minzeblättchen garnieren.

► **Pro Portion**
581/139 kJ/kcal • 5 g Eiweiß
2 g Fett • 21 g Kohlenhydrate
4 g Ballaststoffe
6 mg Cholesterin

Bei der Vergärung von Kefir entsteht auch Kohlensäure, was ihn so erfrischend macht. Der Becherdeckel kann sich dadurch nach oben wölben, was kein Zeichen von Verderb sein muss.

# Quarkcreme mit Pfirsichsauce

Im Winter, wenn keine Saison ist für sonnengereifte Pfirsiche, können Sie stattdessen auch Kiwis verwenden. Sie passen sowohl farblich wie vom Geschmack gut zu vollreifen Orangen.

**Für 2 Portionen**

**2 Blatt weiße Gelatine**
**1 unbehandelte Orange**
**250 g Magerquark**
**1 TL Honig**
**Mark von 1/2 Vanilleschote**
**2 Pfirsiche**
**frische Minze zum Garnieren**

**Zubereitungszeit 25 Minuten (ohne Kühlzeit)**

❶ Gelatine in kaltem Wasser einweichen. Die Orange heiß abspülen, etwas von der Schale abreiben, die Frucht halbieren und auspressen.

❷ Den Orangensaft bis auf 1 Esslöffel erhitzen und die ausgedrückte Gelatine darin auflösen. Den Magerquark, den Honig, das Vanillemark und die abgeriebene Orangenschale unterrühren.

❸ Die Quarkcreme in zwei kleine Förmchen füllen und im Kühlschrank 3 bis 4 Stunden kühlen.

❹ Einen Pfirsich waschen, halbieren und entkernen. Das Fruchtfleisch in Spalten schneiden.

❺ Den zweiten Pfirsich waschen, kreuzweise einritzen und mit kochendem Wasser überbrühen. Den Pfirsich häuten, entkernen und das Fruchtfleisch pürieren. Den restlichen Orangensaft unterrühren.

❻ Die Minze waschen, trockentupfen und die Blättchen von den Stängeln zupfen.

❼ Die Quarkcreme auf Teller stürzen, das Pfirsichpüree um die Quarkcreme auf die Teller verteilen. Mit den Pfirsichspalten und den Minzeblättchen garnieren.

**► Pro Portion**

882/211 kJ/kcal • 19 g Eiweiß
1 g Fett • 27 g Kohlenhydrate
4 g Ballaststoffe • 1 mg Cholesterin

*Ein Dessert für Sommertage: Locker, leichte Quarkcreme auf herrlich aromatischem Pfirsichspiegel (Seite 127).*

**TIPP**

**Anstelle eines Pfirsichs können Sie für die Dekoration auch eine gewaschene Nektarine in Spalten schneiden, das bringt etwas mehr Farbe auf den Teller.**

# Quark-Biskuit-Terrine mit Rhabarber

Sehr dicke oder ältere Rhabarberstangen müssen geschält werden. Dazu den Stielansatz abschneiden und von der Schnittstelle zu den Blättern die faserige äußere Haut abziehen.

**Für 2 Portionen**

**400 g Rhabarber**
**4 TL Honig, 100 ml Weißwein**
**200 g Magerquark**
**4 EL fettarme Milch**
**2 Tropfen Bittermandelaroma**
**6 EL Orangensaft**
**80 g Löffelbiskuits**
**Puderzucker und Zitronenmelisse zum Garnieren**

**Zubereitungszeit 25 Minuten (ohne Kühlzeit)**

❶ Den Rhabarber waschen, putzen, in Stücke schneiden und mit Honig und dem Weißwein vermischen. Kurz ziehen lassen, unter Rühren erhitzen und bei geringer Hitze kochen lassen, bis der Rhabarber weich ist.

❷ Den Rhabarber in eine Schüssel geben und abkühlen lassen.

❸ Den Quark mit Milch, Mandelaroma und Orangensaft glatt rühren und mit Zucker süßen.

❹ Eine Terrinenform am Boden mit Löffelbiskuits auslegen. Zuerst eine dünne Schicht Quark, dann eine Schicht Rhabarber darauf verteilen. Dicht an dicht mit Biskuits belegen.

❺ Mit dem restlichen Quark und Fruchtkompott abschließen. Die Terrine zugedeckt im Kühlschrank etwa 4 Stunden ziehen lassen. Stürzen, mit Puderzucker bestreuen und in Scheiben schneiden. Mit Zitronenmelisse garnieren.

► **Pro Portion**

1229/294 kJ/kcal • 18 g Eiweiß
3 g Fett • 42 g Kohlenhydrate
6 g Ballaststoffe • 102 mg Cholesterin

# Kiwi-Aprikosen-Grütze

| **Für 2 Portionen** |
|---|
| **2 Kiwis** |
| **4 Aprikosen** |
| **1 TL Kartoffelstärke** |
| **1/8 l Aprikosensaft** |
| **2 EL Zucker** |

**Zubereitungszeit 30 Minuten**

❶ Die Kiwis schälen, halbieren und in kleine Würfel schneiden. Die Aprikosen mit heißem Wasser überbrühen, abziehen, entkernen und ebenfalls in kleine Würfel schneiden.

❷ Die Kartoffelstärke mit etwas kaltem Fruchtsaft anrühren. Den restlichen Aprikosensaft mit dem Zucker in einem kleinen Topf zum Kochen bringen.

❸ Die angerührte Stärke dazugeben und 2 Minuten unter ständigem Rühren kochen lassen.

❹ Den Topf von der Kochstelle nehmen. Die klein geschnittenen Früchte untermischen und etwa 10 Minuten durchziehen lassen.

❺ Die Grütze in Dessertschalen füllen und erkalten lassen.

► **Pro Portion**
836/200 kJ/kcal • 2 g Eiweiß
1 g Fett • 43 g Kohlenhydrate
5 g Ballaststoffe
0 mg Cholesterin

Dies ist eine ungewöhnliche Variante der üblichen Grütze, die allerdings durch die Farben des Obstes äußerst dekorativ wirkt.

# Exotischer Fruchtsalat

Gerade bei den kleinen Babyananas ist es wichtig, die Schale möglichst dünn abzuschneiden. Stechen Sie die »Warzen« lieber aus, als zu viel Fruchtfleisch zu opfern. Außerdem auf einem Teller bearbeiten, um austretenden Saft aufzufangen.

**Für 4 Portionen**

**1/2 Babyananas**
**1 Kaki**
**2 Kiwis**
**1/2 Zuckermelone**
**2 Feigen**
**1 Banane**
**Saft von 1 Zitrone**
**1 EL Honig**
**2 cl Rum**
**etwas Puderzucker**

**Zubereitungszeit 25 Minuten**

❶ Die Babyananas der Länge nach vierteln und den harten Kern herausschneiden. Die Babyananas schälen und in Stücke schneiden.

❷ Die Kaki und die Kiwis schälen und in Würfel schneiden. Die Zuckermelone entkernen, schälen und das Fruchtfleisch in Würfel schneiden.

❸ Die Feigen in Spalten schneiden. Die Banane schälen, in Scheiben schneiden und mit Zitronensaft beträufeln. Alle Früchte in einer Schüssel locker miteinander vermengen.

❹ Aus dem restlichen Zitronensaft, dem Honig und etwas Rum eine Marinade rühren und unter die Früchte heben. Abschmecken, wenn nötig mit Puderzucker nachsüßen.

❺ Den Fruchtsalat in Dessertschalen anrichten.

► **Pro Portion**
665/159 kJ/kcal • 2 g Eiweiß
1 g Fett • 30 g Kohlenhydrate
5 g Ballaststoffe • 0 mg Cholesterin

**TIPP**

**Die Kaki ist ein Winterobst, das erst nach dem Blattfall im Herbst geerntet wird. Der Kakibaum ist ursprünglich vermutlich in China beheimatet und gehört zur Familie der Harthölzer, er trägt jedoch als einziger Vertreter dieser Familie essbare Früchte. Achten Sie beim Kauf auf reife Früchte, dunkelorange und eher weich; unreife können leicht pelzig schmecken.**

*Ein Traum von Karibik auf dem Balkon zu Hause: Der exotische Fruchtsalat ist ein köstliches Dessert und zudem eine wahre Vitaminbombe (Seite 131).*

# Joghurt-Tiramisu

**TIPP**

Vanille wird als Schote, in Pulverform, flüssig oder gemischt mit Zucker als Vanillezucker angeboten. Echte Vanille hat ein wesentlich feineres Aroma als synthetische, ist dabei auch sehr viel teurer.

**Für 4 Portionen**
**250 ml Magermilch**
**4 Blatt weiße Gelatine**
**40 g Zucker, 1 Vanilleschote**
**1 Päckchen Vanillepuddingpulver**
**2 Eiweiße (steif geschlagen)**
**100 g Magerquark**
**150 g Joghurt (0,3 %)**
**180 g Löffelbisquits**
**1/2 Tasse starker Kaffee**
**1 EL Kakaopulver**

**Zubereitungszeit 40 Minuten**

❶ Milch zum Kochen bringen. Gelatine in kaltes Wasser einweichen, ausdrücken und in die heiße Milch geben. Zucker und das Mark der Vanilleschote dazu geben.

❷ Puddigpulver in kalter Milch glatt rühren und unter Rühren dazugeben. Die Masse aufkochen lassen, vom Herd nehmen und das steif geschlagene Eiweiß unterheben.

❸ Den Quark mit dem Joghurt verrühren und die Milchmasse locker daruntermischen. Eine rechteckige Form mit Löffelbisquits auslegen und mit Kaffee tränken.

❹ Die Hälfte der Masse einfüllen, eine Schicht Löffelbisquits darauf legen, mit Kaffee tränken und die restliche Masse darauf verteilen. Mit dem Teigschaber die Masse glatt streichen und das Ganze im Kühlschrank 2 bis 3 Stunden, am besten über Nacht kaltstellen.

❺ Vor dem Servieren aus der Form lösen, mit Kakao bestäuben, portionieren und anrichten. Nach Geschmack mit wenig Kaffee umgießen.

**► Pro Portion**
890/213 kJ/kcal • 14 g Eiweiß
6 g Fett • 24 g Kohlenhydrate
0 g Ballaststoffe • 56 mg Cholesterin

# Apfel-Zwetschgen-Terrine

**Für 4 Portionen**
**6 Blatt Gelatine**
**2 Äpfel**
**500 g Zwetschgen**
**50 g Zucker**
**1/2 l klarer Apfelsaft**
**1 Zimtstange**
**frische Minze zum Garnieren**

**Zubereitungszeit 50 Minuten (ohne Kühlzeit)**

❶ Die Blattgelatine in kaltem Wasser einweichen. Äpfel schälen, entkernen und das Fruchtfleisch in Spalten schneiden. Zwetschgen waschen, 4 schöne zurücklegen, die restlichen entsteinen und vierteln.

❷ Den Zucker im Apfelsaft auflösen und mit der Zimtstange aufkochen. Apfelspalten und die vorbereiteten Zwetschgen dazugeben und 1 bis 2 Minuten bei mittlerer Hitze dünsten, Früchte herausnehmen und beiseite stellen. Zimtstange entfernen.

❸ Die Gelatine ausdrücken, in den heißen Saft geben und auflösen.

❹ Die Früchte wieder zufügen, evt. nachsüßen und in eine Terrinenform (3/4 Liter Inhalt) füllen. Die Terrine im Kühlschrank 4 Stunden oder über Nacht erstarren lassen.

❺ Mit einem Messer die Terrine von der Form lösen und auf eine Platte stürzen. In Scheiben schneiden und anrichten. Mit je 1 fächerartig aufgeschnittenen Zwetschge und frischer Minze garnieren.

► **Pro Portion**
857/205 kJ/kcal • 3 g Eiweiß
1 g Fett • 44 g Kohlenhydrate
6 g Ballaststoffe • 0 mg Cholesterin

Pflaumen, Zwetschgen und Mirabellen sind botanisch eng miteinander verwandt. Die länglichen Zwetschgen enthalten weniger Wasser und mehr Zucker als Pflaumen, der Stein lässt sich gut lösen. Sie sind deshalb sehr gut zum Belegen von Kuchen oder aber auch für diese köstliche Terrine geeignet.

# MINERALWASSER – FRISCH UND BELEBEND

Die Zeiten, in denen man belächelt wurde, wenn man ein Mineralwasser bestellte, sind längst vorbei. Mineralwasser hat sich vom »Diätgetränk« zum »In-Getränk« gemausert. Der erste Blick aufs Etikett zeigt, dass Wasser noch lange nicht gleich Wasser ist. Natürliche Mineralwässer, Heilwässer, Tafel- und Quellwässer unterscheiden sich nicht nur auf dem Etikett, sondern auch bezüglich ihrer Inhalte.

**Mineralwässer sind immer natürlich, aus eigenem Brunnen, als einziges Lebensmittel amtlich anerkannt und ständig kontrolliert. Dennoch sind sie so vielfältig, wie die Geologie am Quellort. Wählen Sie Ihren »Mineralcocktail« entsprechend Ihrem persönlichen Bedarf: Magnesium, Calcium, Kalium, Sulfat und Co. lassen grüßen. Für die Low-fat-Küche sind die Sulfatwässer von besonderem Wert.**

## Das richtige Wasser

Quellwasser muss keine vorgegebene Mindestmenge an Spurenelementen und Mineralstoffen enthalten. Tafelwasser ist eine künstliche Mischung aus Trink-, Quell- oder Mineralwasser. Natürliches Mineralwasser muss aus einer natürlichen oder künstlich erschlossenen Quelle gewonnen und direkt am Quellort abgefüllt werden. Natürliches Mineralwasser entstammt einem unterirdischen Wasservorkommen, das vor Verunreinigungen geschützt ist, es ist also

ursprünglich rein. Natürliches Mineralwasser enthält von Natur aus Mineralien und Spurenelemente, wirkt sich daher günstig auf den menschlichen Organismus aus und ist ernährungphysiologisch wirksam. Damit das Mineralwasser den Verbraucher in seiner ursprünglichen Reinheit erreicht, wird es direkt an der Quelle abgefüllt.
Mineralwasser ist im Übrigen auch das einzige Lebensmittel in Deutschland, das in einem besonderen Verfahren amtlich anerkannt werden muss. Ständige Kontrollen gewährleisten die kontinuierlich hohe Qualität. Natürliche Mineralwässer unterscheiden sich jedoch auch noch untereinander bezüglich ihrer Inhaltsstoffe, da sie aus verschiedenen Quellen stammen.

## Was ist drin?

Besonders wichtige Mineralstoffe – sowohl für den Kraft- als auch für den Ausdauersportler – sind Natrium, Kalium, Magnesium und Kalzium: Diese Mikrostoffe sind maßgeblich an der Muskelkontraktion bzw. der Erregbarkeit der Muskel- und Nervenzellen beteiligt. Verliert der sportlich Aktive durch starkes Schwitzen viel Schweiß, kann es leicht zu einem Mangel an Elektrolyten kommen und somit auch zu Leistungseinbußen. Für einen Ausgleich in regelmäßigen Abständen sorgen Mineralwasser oder Obstsaftschorlen. Gesundheitsbewusste Mineralwassertrinker wissen längst, dass man natürliche Mineralwässer mit hohen Kalzium-, Magnesium- oder Sulfatgehalten kaufen kann. Im bayerischen Bad Windsheim wurde z. B. eine neue Quelle, die »Rangauer Life«-Quelle erschlossen, deren Besonderheit in einem hohen Sulfatgehalt (ca. 1600 Milligramm pro Liter) des Wassers liegt.

## Sulfat für den Fettabbau

In wissenschaftlichen Untersuchungen dieser Quelle wurde festgestellt, dass Mineralwasser mit einem hohen Gehalt an Sulfat den Cholesterinspiegel nachhaltig senken kann. Die Wirkung beruht auf einer vermehrten Ausschüttung an Verdauungssäften, den Gallensäuren, die wiederum aus Cholesterin produziert werden. Werden mit dem Verdauungsvorgang und der Stuhlentleerung vermehrt Gallensäuren ausgeschieden, benötigt der Organismus zur Herstellung von weiteren Verdauungssäften Cholesterin, wodurch der Cholesterinspiegel im Blut gesenkt wird. Ein weiteres Plus liefert die Ausscheidung von Gallensäuren durch sulfatreiche Mineralwässer gleich mit: Der Fettabbau geht schneller voran und diejenigen, die Probleme mit ihren Pfunden haben, nehmen besser ab.

**Der tägliche Bedarf für Magnesium liegt bei etwa 300 bis 400 Milligramm. Bei Sportlern ist der Bedarf entsprechend erhöht, aber solange er den Flüssigkeitsverlust mit magnesiumreichem Mineralwasser deckt, kann auch ein Langstreckenläufer weiterhin seine Runden laufen, ohne einen Wadenkrampf zu bekommen.**

Anstelle von Tomatensaft können Sie beim Longdrink »Jogger« auch einen hochwertigen Gemüsesaft nehmen. Damit erhält der Körper zusätzliche Vitamine und Mineralien.

# Longdrink »Jogger«

**Für 1 Glas**
- 4 cl rosa Grapefruitsaft
- 1 cl Zitronensaft
- 10 cl Tomatensaft
- natürliches Mineralwasser zum Auffüllen
- Selleriesalz
- Tabasco
- Worcestersauce
- Pfeffer aus der Mühle
- einige Eiswürfel (aus Mineralwasser)
- 1 Stange Staudensellerie

**Zubereitungszeit 10 Minuten**

❶ Die Säfte zusammen in ein Rührglas geben und gut vermischen. Mit Mineralwasser auffüllen und mit den Saucen und den Gewürzen nach Belieben abschmecken.

❷ In ein Longdrinkglas Eiswürfel geben, den Drink darüber gießen und mit der Selleriestange garnieren.

**▶ Pro Portion**
142/34 kJ/kcal • 1 g Eiweiß
0 g Fett • 6 g Kohlenhydrate
2 g Ballaststoffe • 0 mg Cholesterin

***Der Longdrink »Jogger« ist ein Energiedrink – und das nicht nur für Dauerläufer (Seite 137).***

# Gurken-Kräuterdrink

**Für 4 Gläser**
- 200 g Salatgurke
- 6 EL fein gehackte Kräuter
- 1 TL frisch geriebener Meerrettich
- 500 g Buttermilch
- 1 TL Zitronensaft
- Jodsalz, weißer Pfeffer
- Eiswürfel (aus Mineralwasser)
- 4 Limettenscheiben
- frische Kräuter

**Zubereitungszeit 15 Minuten**

❶ Die Gurke schälen, der Länge nach halbieren und entkernen. In Stücke schneiden und pürieren.

❷ Kräuter, Meerrettich und Buttermilch dazugeben und kräftig mixen. Mit Zitronensaft, Salz und Pfeffer abschmecken und in mit Eiswürfeln gefüllte Gläser geben.

❸ Je eine Limettenscheibe mit einigen frischen Kräutern an die Glasränder stecken.

**▶ Pro Portion**
261/63 kJ/kcal • 5 g Eiweiß
1 g Fett • 7 g Kohlenhydrate
1 g Ballaststoffe • 4 mg Cholesterin

RANGA

# Buttermilch-Gemüse-Drink

Neben den bekannten Möglichkeiten, einen erhöhten Cholesterinspiegel zu senken, kann auch ein sulfathaltiges Mineralwasser als »sanfter Senker« erfolgreich sein. Dies bestätigt eine neue wissenschaftliche Untersuchung von Dr. med. Christian Karoff, Chefarzt der Frankenland-Klinik, Bad Windsheim.

**Für 2 Gläser**

**1/4 l Gemüsesaft (möglichst kochsalzarm)**
**1/4 l Buttermilch**
**1 TL frisch geriebener Meerrettich**
**1 TL Zitronensaft**
**weißer Pfeffer**
**1 TL Schnittlauchröllchen**
**einige Eiswürfel (aus Mineralwasser)**
**4 Gurkenscheiben**
**4 Kirschtomaten**

**Zubereitungszeit 10 Minuten**

❶ Den Gemüsesaft mit der Buttermilch in einem Rührglas verrühren. Den geriebenen Meerrettich und den Zitronensaft dazugeben und gut verquirlen.

❷ Den Drink mit etwas Pfeffer abschmecken und in Gläser füllen. Einige Eiswürfel dazugeben und mit den Schnittlauchröllchen bestreuen.

❸ Die Gurkenscheiben und die Kirschtomaten auf einen Spieß stecken und den Drink damit garnieren.

**▶ Pro Portion**

324/78 kJ/kcal • 6 g Eiweiß
1 g Fett • 11 g Kohlenhydrate
4 g Ballaststoffe • 4 mg Cholesterin

# Longdrink Fit & blue

**Für 1 Glas**
- 8 cl Ananassaft
- 4 cl Orangensaft mit Fruchtfleisch
- 4 cl Grapefruitsaft
- 2 cl Blue Curaçao
- einige Eiswürfel (aus Mineralwasser)
- natürliches Mineralwasser zum Auffüllen
- 1 Limettenscheibe, 1 Erdbeere

**Zubereitungszeit 10 Minuten**

❶ Ananassaft, Orangensaft, Grapefruitsaft, Blue Curaçao und Eiswürfel in einen Shaker geben, den Shaker verschließen und gut durchschütteln.

❷ Eiswürfel in ein Longdrinkglas geben, den Drink darüber gießen und mit Mineralwasser auffüllen.

❸ Als Dekoration die Limettenscheibe und die Erdbeere an den Glasrand stecken.

► **Pro Portion**
527/126 kJ/kcal • 1 g Eiweiß
0 g Fett • 19 g Kohlenhydrate
2 g Ballaststoffe • 0 mg Cholesterin

# Athletik-drink

**Für 1 Glas**
- 8 cl Orangensaft
- 8 cl Apfelsaft
- 8 cl stilles, natürliches Mineralwasser
- einige Eiswürfel (aus Mineralwasser)
- 1 Apfelspalte
- 2 Cocktailkirschen

**Zubereitungszeit 10 Minuten**

❶ Apfelsaft, Orangensaft und das Mineralwasser in ein Rührglas mit Eiswürfeln geben und gut verrühren.

❷ In das Longdrinkglas umfüllen und für die Dekoration die Cocktailkirschen mit der Apfelspalte auf einen Spieß stecken und den Drink damit garnieren.

► **Pro Portion**
510/122 kJ/kcal
1 g Eiweiß
0 g Fett
28 g Kohlenhydrate
3 g Ballaststoffe
0 mg Cholesterin

Wenn Sie einen Drink wie »Fit & blue« nur für eine oder zwei Personen machen, können Sie Orangen- und Grapefruitsaft auch selber frisch pressen. Das schmeckt noch besser.

Falls Sie bei den kleinen Melonen unsicher sind: Honigmelonen haben eine gefurchte, aber glatte sattgelbe Schale; Netzmelonen sind unscheinbar beige-grau mit rauher Schale.

# Cherry-Colada

**Für 1 Drink**
- 8 cl Sauerkirschsaft
- 6 cl Orangensaft
- 1 cl Zitronensaft
- 2 cl Kokoslikör
- einige Eiswürfel (aus Mineralwasser)
- natürliches Mineralwasser zum Auffüllen
- 1/4 Babyananas
- 2 Cocktailkirschen

Zubereitungszeit 10 Minuten

❶ Die Säfte und den Kokoslikör mit den Eiswürfeln in einen Shaker geben, verschließen und gut durchschütteln.

❷ In ein Longdrinkglas einige Eiswürfel geben und die Mischung darüber gießen. Mit natürlichem Mineralwasser auffüllen und mit der geteilten Babyananas und einem Spieß mit den beiden Cocktailkirschen garnieren.

► **Pro Portion**
978/234 kJ/kcal • 1 g Eiweiß
0 g Fett • 54 g Kohlenhydrate
2 g Ballaststoffe • 0 mg Cholesterin

***Mixen Sie sich öfter mal einen Früchtedrink! Ihr Körper freut sich über den Vitaminstoß und die vielen wertvollen Mineralien (Seite 141).***

# Melonen-Tee-Fizz

**Für 4 Gläser**
- 4 Beutel Tee Wildkirsch-Aroma
- 1/2 Honigmelone
- 4 EL Zucker
- 2 EL Zitronensaft
- einige Eiswürfel (aus Mineralwasser)
- frische Pfefferminze

Zubereitungszeit 15 Minuten

❶ Die Teebeutel mit 1/2 Liter kochendem Wasser aufgießen, 5 Minuten ziehen lassen und die Beutel herausnehmen.

❷ Die Melone entkernen, schälen und mit Zucker und Zitronensaft im Mixer pürieren. Den etwas abgekühlten Tee dazugießen, umrühren, nach Geschmack nachsüßen und in mit Eiswürfeln gefüllte Gläser verteilen.

❸ Mit einer kleinen Melonenspalte und Pfefferminze dekorieren.

► **Pro Portion**
347/83 kJ/kcal • 1 g Eiweiß
0 g Fett • 20 g Kohlenhydrate
1 g Ballaststoffe • 0 mg Cholesterin

# Rezeptregister

## Sachregister

**Der Autor**
Armin Roßmeier ist diätetisch geschulter Koch DGE, Konditor und Küchenmeister sowie Prüfungsvorsitzender der IHK München und Oberbayern für gastgewerbliche Berufe. Die Fernsehzuschauer kennen Armin Roßmeier durch seine Sendungen im ZDF und auf SAT1. Darüber hinaus ist er verantwortlicher Redakteur und Ernährungsexperte des Radiosenders ANTENNE BAYERN. Neben zahlreichen gastronomischen Auszeichnungen nationaler und internationaler Kochkunstausstellungen erhielt er dreimal in Folge den Journalistenpreis der Deutschen Gesellschaft für Ernährung (DGE) für gesunde, zeitgemäße Ernährungsformen. Er ist Autor von über 50 Büchern zu Ernährungsthemen.

**Mitautor und medizinische Fachberatung**
Dr. med. Christian Karoff, Chefarzt der Frankenland-Klinik in Bad Windsheim, ist Kurarzt, Facharzt für physikalische und rehabilitative Medizin, Gastroenterologe, Diabetologe DDG, Autor zahlreicher Fachpublikationen und Referent im In- und Ausland, Mitglied verschiedener medizinischer Gellschaften, wie z. B. Präsidiumsmitglied der GFE, der Gesellschaft funktionsgerechte Ernährung in Bad Windsheim.

**Der Fotograf**
Christian Kargl arbeitet seit 1993 als selbstständiger Fotograf im eigenen Studio in München. Für den Bereich der Foodfotografie hat er sich seit Ende 1997 durch Ute Schoenenburg verstärkt, die in erster Linie das Foodstyling übernimmt. Gemeinsam legen sie ihren Schwerpunkt auf die Bereiche Foodfotografie, Stilllife und People.

**Dank**
Wir bedanken uns bei Franken Brunnen in Neustadt/Aisch für die freundliche Unterstützung.



**Bildnachweis**
Alle Bilder stammen von Fotodesign Christian Kargl/Ute Schoenenburg, München außer Südwest Verlag: 1 (Posselt O./Schoenenburg U., München), 1, 8 o., 13 o., 65 o. (P. Rees), 6/7, 8 u., 9, 10/11, 12, 13 u., 14/15, 16/17, 18/19, 20, 21 o., 24/25, 28, 32, 33 u., 36/37, 40 u., 41, 44/45, 48 o., 52, 53 u., 56/57, 60, 61 u., 64, 65 u., 68, 69 u., 72, 73 u., 77, 80 li., 81, 88/89, 96, 100 re., 104, 109, 112 o., 113, 116/117, 121 o., 124/125, 129, 132 (Digital), 133 o. (P. Rees), 133 u. (K. Newedel), 136 u., 138 u. (K. Newedel), 29, 33 o., 48 u., 49 u., 53 o., 61 o., 69 o., 73 o., 80 re., 84 li., 85 o., 92/93 Mi., 97, 101 o., 105, 108 u., 112 u., 120, 121 u., 128, 138 o., 139 (A. Schliack)

**Impressum**


**Lektorat:** Martina Solter, Renata Sako-Hoess
**Projekt- und Redaktionsleitung:** Michaela Röhrl
**Texte/Ernährungswissenschaftliche Beratung:**
Infothek Ernährung, München: Walter A. Drössler, Dipl. oec. troph. Heidrun Fronek
**Bildredaktion:** Sabine Kestler
**Fotografie:** Christian Kargl
**Foodstyling:** Ute Schoenenburg
**Produktion:** Manfred Metzger
**Layout und Umschlaggestaltung:**
Manuela Hutschenreiter
**DTP/Satz:** Andreas Rimmelspacher

Printed in Italy

Gedruckt auf chlor- und säurearmem Papier

ISBN 3-517-07861-1